【长篇报告文学】

# 金山万峰林

JIN SHAN WAN FENG LIN

尤立宪◎著

经济日报出版社

**图书在版编目（CIP）数据**

金山万峰林／尤立宪著．--北京：经济日报出版社，2019.5

ISBN 978-7-5196-0546-9

Ⅰ．①金… Ⅱ．①尤… Ⅲ．①区域经济发展-概况-兴义 Ⅳ．①F127.734

中国版本图书馆 CIP 数据核字（2019）第 089567 号

**金山万峰林**

| | |
|---|---|
| **作　　者** | 尤立宪 |
| **责任编辑** | 陈莎莎 |
| **出版发行** | 经济日报出版社 |
| **社　　址** | 北京市西城区白纸坊东街 2 号 A 座综合楼 710 |
| **邮政编码** | 100054 |
| **电　　话** | 010-63567684（总编室） |
| | 010-63538621　63567692（发行部） |
| **网　　址** | www.edpbook.com.cn |
| E-mail | edpbook@sina.com |
| **经　　销** | 全国新华书店 |
| **印　　刷** | 北京建宏印刷有限公司 |
| **开　　本** | 710×1000 mm　1/16 |
| **印　　张** | 13.25 |
| **字　　数** | 173 千字 |
| **版　　次** | 2019 年 5 月第一版 |
| **印　　次** | 2019 年 5 月第一次印刷 |
| **书　　号** | ISBN 978-7-5196-0546-9 |
| **定　　价** | 52.00 元 |

# 序

我与立宪虽然相隔数千里，但并没有因为遥远而少了思想上的沟通。前段时间，他在微信上对我说："近期他利用业余时间写了本报告文学，因从未写过此类文体，想请我给予指导并作序。"我答应了他，并让他把文稿发到我的邮箱。

五一前，我收到了立宪的报告文学《金山万峰林》，节日期间我一口气读完了这部书稿。这是一部主旋律作品，全面反映了"两山"理论在万峰林实践的辉煌历程，艺术而生动地阐释了生态文明建设的重要意义，我很少看到这样的作品，应该说在这个题材的创作领域，无论是贵州省乃至全国范围都是难得一见的。

在第一章"藏在深处的万峰林"中，立宪从"万峰林的多元面孔、峰林深处的历史人物、峰林的传说、峰林的迷途"四个方面浓墨重彩地描绘了50年前万峰林风景的雄伟壮观和历史文化的源远流长，把一位隐藏在深闺中的"少女"推到了读者面前，揭开了她神秘的面纱。

在第二章"生态恶化的万峰林"中，立宪从"人与兽、峰林创世纪、峰林深处的枪声、开荒的犁铧、违建房的灰色羽翼、农家乐勃兴、并不美丽的炊烟、污水乱象、悲伤的纳灰河、大棚菜背后的隐忧、万峰林突围之虞"十一个方面，全面回顾了生态环境优美的万峰林在曾经的时光中是怎样被当地村民因为生存和发展的需要，将生态环境破坏得越来越糟，让我们看到当地村民处在发展中难以保护生态环境，和在保护生态环境中不知如何发展的"两难"境地。

在第三章“突破瓶颈的万峰林”中，立宪从“胡锦涛视察纳灰村、沸腾中的万峰林、‘凤凰’不留万峰林、勾勒万峰林发展蓝图、掀起危房改造与景区建设、激战生态困局、‘开心农场’的强心剂效应、峰林脚下的‘贵州精神’、州委书记当上‘农场主’、有机农业遍地开花、农家乐休闲旅游业风生水起、焕然一新的万峰林、‘我想给胡锦涛写封感谢信！’”十三个方面，全面写了正当万峰林面对发展和生态保护难题而犹豫徘徊之时，时任中共中央总书记、国家主席胡锦涛同志来到上纳灰村，给万峰林的发展指明了方向。从此，万峰林向带污染的发展宣战，向经济与生态环境协调发展进军，并在“贵州精神”的鼓舞下，开启了一条良性循环、可持续的科学发展之路。

在第四章“魅力四射的万峰林”中，立宪从“‘美丽乡村’高端峰会的推手效应、农业如何做文化创意、中国美丽乡村的助推者、湖坊村的镜鉴意义、美丽乡村建设的另外意义、美丽乡村建设要处理好三个‘关系网’、外国专家眼里的万峰林发展路径 、六张牌、50个乡村的联盟、万峰林峰会的多元价值、国际会议中心Fantastic、万峰林现代服务业开发区成立、万峰林的国际山地旅游大会、特殊的‘考试’、国际盛宴开幕、《国际山地旅游贵州宣言》发布、旅游局长的对策、《国际山地旅游减贫宣言》在万峰林发布、户外运动的最佳基地、国际山地旅游联盟成立、双会记、庞大体量的媒介关注”二十二个方面，全面写了万峰林生态环境在历经发展后被破坏、治理后又恢复的艰难历程后，在一届接着一届“中国美丽乡村·万峰林峰会”、国际山地旅游暨户外运大会的推动下，重新走出了一条不同于东部地区，也不同于西部地区的“既要金山银山、也要绿水青山”的绿色创富之路。

在第五章“走向世界的万峰林”中，立宪从“走在乡村振兴前列、再现‘人猴争食’、‘两山’理论践行的贵州样本、走出国门的万峰林”四个方面，将笔墨落在了50年后的万峰林。在党中央的关怀下，万峰林景区、万峰林人民、万峰林村庄、万峰林品牌的内涵与外延不断丰富和扩大，成为实施乡村振兴战略计划的典范之一，成为贵州省践行习近平总书记“两山”理论的成功基地，并在今天以崭新的姿态和轻盈的步伐走出国门，迈向世界。

一部作品能不能以作者的独特思考表达时代意义很重要。立宪这部作品给我留下的最深印象是：“有思想、有内涵、很接地气，属于习近平总书记提倡的那种‘脚力、眼力、脑力、笔力’四力俱备的作品，它所记述的故事既是贵州省贯彻落实习近平总书记‘守牢两条底线’重要指示精神的典型例证，也是记录中国人民砥砺奋进并用文学形式进行表达的一个时代缩影。”

立宪在繁忙的工作中挤出宝贵时间，全力以赴投入创作，作品在很多地方都可圈可点。在他的笔下，我们看到万峰林人民彻底转变了“靠山吃山”的理念，“用山养山”和“建设绿富美乡村”的绿色发展理念已经形成。立宪抓住万峰林人民强大的创造力以及他们团结奋进、拼搏创新、苦干实干、后发赶超的新时代“贵州精神”，将习近平总书记的“两山”思想融入其中，使《金山万峰林》这部作品成为当地干部想干事、能干事、干成事和万峰林人民生活与实践的文学解读与形象诠释。

我们刚刚踏入中国的新时代。这个伟大的时代每天都在发生可歌可泣的中国故事。《金山万峰林》就是这样一部紧紧抓住时代命题、积极反映时代精神的纪实文学力作，期待立宪再创佳作。

经济日报出版社社长　韩文高

2019 年 5 月 4 日　北京

# 目　录
CONTENTS

# 第一章　藏在深处的万峰林

如果把万峰林比作一个女人，那她在50年前，却似一位藏于深闺的少女，有着美丽的身段，说不完的故事，及无人不知的秘密。

## 万峰林的多元面孔

万峰林的坐标，被定位于滇黔桂三省（区）结合部、北纬25度。这个为外界所熟知的景致，隐于黔西南布依族苗族自治州的崇山峻岭之中，因山峰之多而被冠以“万峰林”之名，且闻名于世。

万峰林的面积，需用具象的表述和硬朗的数据来彰显。

它在地理空间上的形态乃西北高、东南低，向珠江上游的生态屏障万峰湖、黄泥河倾斜。从海拔2000多米的兴义七捧高原边沿和万峰湖北岸、黄泥河东岸成扇形展开，上线以海拔1600米左右的高寒土山为界，下线至海拔800米左右的亚热带红壤土山，形成一个环形山带。

这个环形山带长200多千米，宽30千米至50千米，总面积为2000余平方千米。峰、龙、坑、缝、林、湖、泉、洞八景分布广泛其中，而其浩瀚、气派、壮观、奇特的喀斯特地貌峰林大观，则犹如一条美不胜收的极美玉带，把壮丽河山装点得妖娆可爱。

从版图上看，万峰林分为东峰林和西峰林。

东峰林最有代表性的峰林，位于义龙新区坡岗一带。

这里的峰林有两股很奇特的泉水。一股流淌在锦绣峰和武士峰之间，另一股则流淌在茂密的古树和红豆树林里，一条“夫妻胶带”将两水沟通。由于两股泉水的神秘性，当地人都把两股泉水称之为“神水”“怪水”，甚至有人将其戏称为“男泉”和“女泉”。

两股泉水流淌时间较为神秘。女泉每隔 4 至 6 分钟涌水一次，水面增高 3 厘米至 5 厘米，而后与男泉交汇，往前流淌几分钟。当女泉下降时，男泉向女泉倒流几分钟。

站在两股泉水下方，你会发现，两股泉水如同夫妻一般，是那么的天然默契、相依相存、亲密无间、十分有趣。站在泉水旁边，你会发现，不经意间，自己的身影随同茂密的古树倒映在泉水中，形成了一幅栩栩如生的美丽画卷。

更为神秘的是，据当地人说，如果你是商人，喝了那甘甜可口的泉水，来年你将好运连连。如果你是官员，喝了那甘甜可口的泉水，来年你将官运亨通。如果你是单身，喝了那甘甜可口的泉水，来年你将爱情绵绵。

每年春秋两季，特别是干旱的春季，当太阳照射到泉水时，泉水便越来越大。待到傍晚，当阳光远离泉水时，泉水渐渐变小，直至断流。

次日拂晓，出水处的淤泥，因干涸而现出裂纹。

太阳照常起落，泉水循环往复，蔚为奇观。

当地群众说，用泉水做豆腐、煮酒，要比用一般井水时的产量多，其间奥秘有待专家探究。

西峰林主要在兴义市下五屯一带。

这里的峰林呈南北走向，神奇、秀美，绵延十五公里，山峰密集奇特，气势宏大壮阔，整体造型完美，形成一道天下罕见的峰林画廊。

从地质学的角度看，北部为峰林盆地，中南部为峰林洼地和峰丛山地，峰林、峰丛大多呈锥形，部分为钟状、平顶状和马鞍状，堪称“中国锥状喀斯特博物馆”。

在西峰林，你会发现，南北两段峰林也各具特色。北部峰林如同一道屏风，护佑着耳寨、鱼陇、双生、乐立一带的村寨田园。这里奇峰如林，田坝似锦，河水如带，村寨若云，充满诗情画意，恰似一幅朴素、清丽的布依族织锦。

若你站在五指峰半山腰上，你会发现，中南部的纳灰村一带，一座座奇峰从锦绣田园中拔地而起，瑰奇挺秀，姿态万千。峰与峰之间，若断若连，错落有致，具有极强的透空感。

万峰林山峰类型各异。

根据峰林的形态，万峰林的山峰分为列阵峰林、宝剑峰林、群龙峰林、罗汉峰林、叠帽峰林等五大类型。列阵峰林宛如将帅点兵，列阵出征；宝剑峰林挺拔险峻；群龙峰林连绵不绝，恰似群龙起舞；罗汉峰林排列均匀，多为草植被；叠帽峰林，多系水平岩石组成，下部较缓，中部陡，顶部平。

每个类型峰林，几乎包含了锥状喀斯特地区所有的峰峦形态。其间，还有河流、溶洞、伏流、漏斗，就西峰林风景区大小漏斗就有三十多个，组成一漏斗奇观。既独立成趣，又与其他类型的峰林相辅相成，是中国喀斯特地质地貌中发育最成熟的锥状峰林典型代表。

站在万峰林之巅俯视万峰林，山峰嵯峨，皆成柱状，如从田中破土而出的石笋。嶙峋的岩溶石，草木星缀其间；山势不高，却峰笋林立，比肩接踵，蔚为壮观。及至半山腰，远远望去，大小山峰高低相连，层层相叠，直至消失在天的那一边。

万峰林区位特别。景在城中、景在湖中、景在谷中，一城一谷一湖一园，好似一位伟大的母亲，将万峰林紧拥怀中。

一城，即兴义城。兴义城是贵州省黔西南布依族苗族自治州州府所在地，及全州政治、经济、文化、信息中心，离万峰林西峰林 8 公里。兴义市下辖八个街道办事处，国土面积 2915 平方公里，城区人口 50 余万。

这里南盘江横贯市境，距省会贵阳357公里，离昆明362公里，距南宁525公里，是滇黔桂三省区经济圈中心，也是中国西南出海大通道上的重要节点城市。兴义常年气候温和湿润，四季如春，昼夜温差小，冬无严寒，夏无酷暑，是人居、休闲和旅游的好去处。

一谷，即马岭河峡谷。马岭河峡谷是一条非常特殊的峡谷，也称地缝，处于万峰林东峰林中。据资料记载，7000万年前，万峰林中湍急的河水与地下暗河合力，把地表撕开一条裂缝带，熔岩坍塌暗河变成了今天的“天沟地缝”，人称“地球上最美丽的伤痕”。

峡谷谷长80公里，深狭如缝，景色最美的一段约7公里，短短的峡谷两岸，有长流和汛期瀑布60多条，尤其在峡谷下游的壁挂一带，仅1.7公里就分布着13条瀑布，壮的如银河缺口，柔的似轻纱袅娜。

马岭河峡谷的河水，则由六条支河汇集而成，源头海拔2000余米，河水时而穿隙而过，时而击石而进，浩浩荡荡，犹银河悬泻，如长龙入地，把万峰林不少景点串联起来，构成了无与伦比的天下绝观。

一湖，即万峰湖。万峰湖位于万峰林西峰林脚下，是黔滇桂三省（区）水上的黄金运输线，也是“珠三角”水质调剂与水源供应的重要源泉。

1991年1月，万峰湖因建成国家“西电东送”重点工程天生桥电站高坝蓄水而形成，湖区涉及云南罗平县、广西隆林县和西林县、贵州兴义市和安龙县，享有“万峰之湖，西南之最，南国风光，山水画卷”之美誉。

万峰湖的湖深170余米、总长140公里，主航道128公里，常年蓄水108亿立方米，水面面积816平方公里，相当于2个大理洱海、76个杭州西湖，因大于安徽巢湖（770平方公里）而与鄱阳湖、洞庭湖、太湖和洪泽湖并列新的“全国五大淡水湖”。

这里鱼肥水美，钓者云集，被誉为“野钓者的乐园”。1994年1月，国务院将“马岭河峡谷—万峰湖”列为国家重点风景名胜区；2004年1

月，国土资源部将万峰湖纳入贵州兴义国家地质公园。

一园，即奇香园。奇香园位于兴义市市区，万峰林北面。此园以优美的生态环境而著称，绿化覆盖率达67%，是“全国工业旅游示范点”，获国家AA级生态园工业区的称号。

纳灰河谷和花木是奇香园的两大看点。

纳灰河畔聚集着奇香园内著名的景点，沿岸有奇香楼、糊涂桥、不愧天、龙潭瀑布、钓鱼亭、通灵阁、红梅坝、松林桥、盼雨亭、千亩葡萄园、果园、林园等数十个景点。

在这里，你可以沿河赏玩，芳草引路，倾听那“流水潺潺、小鸟啾啾”的声响，目睹那“汀渚葱茏、弱柳扶疏”的芳容。

在这里，你可以看到那栈道的幽深，河畔两岸绝壁飞瀑高挂，像珠帘、似玉练，其声如素琴雅奏。

在这里，你可以放眼河道，让你看到“小坝如锁、水平似镜、小舟轻漾、鱼戏浅底”的美景。

在这里，烟霞万状，诗情画意随景而生，令人赏心悦目，使人顿生“桃花流水窅然去，别有天地非人间”的感慨。

在这里，你可以牵着你心爱之人的手，站在400米长的爱情长廊上，细细观赏那形状为心形的爱情花海和形状为花朵形的七色花海。

在这里，还有大型游乐场、民族美食街等，是各个年龄段的人们休闲游乐的好去处。

万峰林植物繁多。生长在万峰林里面的植物有数十种，其中最为特别的，要算苏铁。这种植物在南盘江、马岭河沿岸的普硐、洋坪、箐口、恫利、仓更、乌舍、歪染等海拔800米—1200米左右的地带都可以看到。

这是1981年被发现的一个新种苏铁，羽状复叶酷以传说中的“凤尾”，开于茎顶的雌花叠合成扁圆的莲花形，远观像牡丹花，被当地人首为“山菠萝”“凤尾草”或“观音莲”等。

据说，苏铁是地球上最古老的种子植物之一，对于研究种子植物的起源与演化、种子植物的纲目属种、古气候的演变等都具有重要意义。

站在万峰林脚下，开阔的农田田块形态万千，平而不整，直线、斜线、弧线、曲线、圆线一应俱全。在几何学上所看到的图案，几乎都可以在眼前数以千计的田块上找到，却没有一块形状是相同的。更令人叫绝的是，一块八卦形状的农田，平卧在田野中央，成为万峰林下农田中最惹人注目的亮点。

据附近村民介绍，整个万峰林内，自然风光和地质风貌相当丰富，它的面积犹如海洋波涛般的壮观。其间，明河暗流、天然湖泊、天然溶洞、天然林木、奇花异草、飞禽走兽等交相辉映。站在高处远望，会让你仿佛置身在一个不可思议的奇幻世界。

那么，万峰林是如何形成的呢？

据文物考古和地理学家研究认定，在距今大约 3.64 亿年前，万峰林是一片汪洋大海，是滇黔古海的一部分。那会儿，海洋沉积岩形成，海面上升，鱼类时代开始，两栖类动物也开始首次登陆。

大约 2.8 亿年前，石炭纪开始形成陆地，又经历燕山、印支、喜马拉雅山等多次造山运动，地壳不断上升，现出山峰。

在烈日烘烤和雨水冲刷，以及二氧化碳和有机酸的作用下，使石灰岩裂缝、孔隙加深，逐渐形成洼地、河流、溶洞、峰林、地下河、落水洞、漏斗、天坑、峡谷、裂谷、地缝、钟乳石、堆积岩、石峰、石笋、龙潭、温泉、湖泊等奇观，最终形成了今天别具一格的万峰林。

万峰林到底有多少座山峰？

至今，依旧没有一个确切的统计数据。

当地村民说，从每座山峰所占的面积来算，万峰林有近两万座山峰。万峰林独特的地质景观，在世界上算得上名符其实的“独一无二”。

相传，三百六十多年前，明代地理学家、旅行家徐霞客就曾到过万峰林。他如此赞叹这片连接广西、云南的峰林：

“磅礴数千里，为西南形胜”，并赋诗道：“天下山峰何其多，惟有此处峰成林；峭峰离立分宽颖，参差森列拨笋岫”。

事实上，现实中的万峰林更让人震撼。

2019 年初春，在蓝天白云的映照下，万峰林与碧绿的田野、弯曲的河流、古朴的村寨、葱郁的树林自然融为一体。一座座峰峦，分布于绿色秧田上，好像碧玉巨盘上托起一个个硕大的翡翠，成为世界上独一无二的自然布景。

明朝时期，地理学家徐霞客曾两次到万峰林考察。

他在《徐霞客游记》中写道：“粤西之山，有纯石者，各自分行独挺，不相混杂。滇南之山，皆土峰缭绕，间有缀石，亦十不一二，故环洼为多。黔南之山，则界于二者之间，独以逼耸见奇。”“盖此丛立之峰，西南始于此，东北尽于道州（今湖南通道），磅礴数千里，为西南奇胜，而此又其西南极其云。”

他由此感慨：“天下山峰何其多，唯有此处峰成林。”

在万峰林观景台上，来自德国的十多位画家，正在集中精力地画着万峰林山下的幸福人家。画家们说，他们在互联网上看到了有关万峰林的介绍，原以为实地景观没有网上宣传得好，谁知来了才知道，实际景观远比网上宣传得还美好。

“我们走遍了世界上的一百多个国家，没有发现哪个国家有这么雄伟壮观且连片的山峰。”画家们说，万峰林不仅是中国的“独一无二”，也是世界的“独一无二”。

## ■ 峰林深处的历史人物

万峰林地灵人杰，被人们称为风水宝地。

国民政府前军政部长何应钦故居、北伐军护法军总司令王文华将军故居等皆坐落于峰林之中。清光绪十六年农历丙寅年闰三月十三日，何应钦出生在万峰林深处泥凼街上的何家大院。

何家大院始建于清光绪元年，占地 3470 平方米，建筑面积 1257 平方米，是何应钦父亲何其敏艰苦经营积累的成果。整个建筑布局合理，功能齐全，由正房、两厢、朝门和围墙构成三合大院，另有碾房、染房、马厩、花鸟房、榨油房、水井等附属设施。

院内，有一棵百年老树鱼尾葵，供人观赏小憩。刻有“鱼跃鸢飞”的鱼缸，则彰显了何家坚定走出峰林的志向和决心。

为了一探究竟，笔者在 2018 年年末之日来到何家大院。

这座大院至今保存完好，大院朝门居中，建有雕工精湛的门罩，罩上吊瓜下垂，花团簇锦，又称“垂花门”。门罩为悬山顶，其上覆盖小青瓦。檐口下为象鼻形挑檐枋，檐枋下横垫蝙蝠形雀替，形成“福像”的可人效果。

何家大院内最抢眼的要算石作工艺了。

这里的柱顶石，从立面看，有鼓形、瓜形、莲花形、圆柱形、方柱形、须弥座等多种，最常见的是鼓形、方柱形以及由这些形状重叠组合成的柱顶石。

柱顶石上，用的是高浮雕、浅浮雕、透雕等手法雕有龙、凤、桃、石榴、花草等动植物，这些图案造型优美、寓意深远，做工精细、构思精巧，技术精湛、刀法娴熟，具有鲜明的地域特色和民族特色。

……

1890 年至 1904 年间，何应钦在这里度过了自己的童年及少年时光。

据史书记载，生长在峰林中的何应钦，非常喜欢奇美的山峦。六七岁的时候，每到夏、秋季，他经常带着村里的小伙伴们爬山，到山上观远景，到山上摘野果子吃，到山上与小伙伴们共享峰林给他们带来的乐趣。

由于贫穷落后，泥凼周边的孩子都没地方念书。

那个年代，何应钦的父亲何其敏在当地方圆二十公里内算是有钱人。为了让村里的贫困孩子们有学上，何其敏在峰林深处选了一块相对平整的地块，出资修建乡塾。乡塾建成后，由兴义县城的赵立根担任塾师。乡塾虽然不用入学考试，但需遵照古礼，得到赵塾师同意，才能就读。

那一年，何应钦正值八岁。同其他得到塾师同意的孩子一样，他也在乡塾孔圣人的牌位前肃立，向孔老夫子和赵塾师各磕一个响头后，方才取得入学资格。

入学后的何应钦，深知塾师同意孩子们入学的条件等过程。于是，他利用每天课余时间走村串寨，到周边的同龄孩子家中宣传入学需要注意的要点。在何应钦的广泛动员下，周边的孩子们纷纷来到乡塾，并得到了赵塾师的同意。

赵塾师授课的方法是个别施教。按程度的高低，从“开章明义”的四书开始，继而是五经，兼读《东莱博议》《古文观止》等。他的教学由浅及深，先是一个字一个字地“识读”，然后一句话一句话地“解读”。读毕一书，换作新书，重温旧书。

何应钦虽然从小聪明伶俐，但他不是一目十行、过目不忘的神童。据说，那时候的何应钦，好动、贪玩，因此经常背诵不熟，到了赵塾师桌前，显得特别紧张，常常“子曰子曰”了好几遍，身子左右摇晃了好几回，下句还是接不上来。

这时，赵塾师就在桌上拿起戒尺，朝他手臂重重一敲，命令道：“重读！”何应钦捂着敲痛的手臂，低着头转过身子，在小伙伴们的目光注视中，慢慢回到座位上，又重新诵读起课文来。

除了读书背诵课文外，何应钦也学习字课。

据说，那时候都是塾师扶着他的手润字，润了两个月之后，转向了描红写映本。何应钦天生具有书法艺术的潜力。在赵塾师指导描红写映本没多久，他便开始了临帖。

几个月后，何应钦竟可以独立书写对联。他用柳体字书写了第一幅对联，上联为："峰林深处风光美"，下联为："劳动人家志气高"。

那时，他才九岁零两个月。

背书是何应钦的最大短板。据说，他当时最反对死记硬背课文了，曾多次向塾师提出能否不再背文，并遭到反对后，他对父亲何其敏说："塾师每上一堂课，都要求我们全部背诵下来。经过这段时间的学习，我发现死记硬背只会把书读死，望父亲和塾师说说，改变一下方法。"

除了何应钦这个儿子外，何其敏还有何应桢、何应禄两个儿子和何应凤、何应碧两个姑娘。在这五个子女中，何应钦天生好动，爱动脑筋思考问题。最大的"缺点"是，从不按别人的思路去"出牌"，善于走不平常路。

对于儿子提出希望塾师改变教学方法的问题，何其敏觉得儿子讲得还是蛮有道理的。虽然乡塾是何其敏出资修建而成，但赵塾师是远近有名的文化人，要求背诵课文自然有他的道理，要想说服赵塾师，得有一个"两全其美"的办法。

就在何其敏犹豫之时，何应钦也在帮他找"答案"。

这天，赵塾师因事外出，临行规定学生要在学堂里背书。没想到，赵塾师刚走，何应钦就带着几个小伙伴，背着书包来到峰林深处的龙荫山上。

他们拿出本子，记下在山上看到的、想到的、体验到的一切。回家后，何应钦结合近期所学知识，将当天记录的见闻，写成了一篇文章。

何应钦带着小伙伴们爬龙荫山的事，很快传到了赵塾师的耳朵里。第二天早上，为了改变何应钦的这种"不良行为"，赵塾师点名让何应钦背诵头天他安排的课文，何应钦两眼一抹黑，一个字也没背出来。

这时，赵塾师一边用戒尺打何应钦的手心，一边狠狠地批评何应钦，要求他当天之内把课文背诵完毕。同时，还要抄写十遍《弟子规》。

何应钦捂着红肿的手心，沉默几分钟后，快步来到座位上，将自己撰写的《我爱万峰林》一文，呈到了赵塾师的面前，对赵塾师说："老师，这是我昨天和班上几位小伙伴们上山回来后写的文章，现呈您审改！"

看到写了足足五页纸的文章，看到何应钦那一笔一画的楷书字，赵塾师惊呆了——何应钦虽然背诵不了课文，但他理解课文的意思，而且还现学现用，将新学到的内容应用到了他所写的《我爱万峰林》一文中，实属天才。霎那间，赵塾师有些后悔了，后悔的是不应该如此的责罚何应钦。

就在赵塾师认真阅览何应钦的文章时，与何应钦一同上山的小伙伴们也先后向赵塾师呈上他们撰写的文章，这更让赵塾惊奇不已。

赵塾师问："谁让你们写的？"

小伙伴们回答道："何应钦！"

紧张的场景，让何应钦胆战心惊！他摸了摸还在隐隐作痛的手心，心想这回又闯大祸了，一会儿估计还得挨板子。

赵塾师看完何应钦的文章后，漫不经心摘下眼镜，对何应钦说："文章写得不错，字也工整！"随后，赵塾师又从桌上拿起眼镜戴上，一一审阅其他几位小伙伴的文章。此时的何应钦，那颗颤抖的心总算平静了下来。

赵塾师看完所有文章后，立马转身走到讲台上，大声地对同学们说："何应钦同学爱学习、勤思考，这篇文章写得不错，现我把它张贴在门上，大家下课后分别认真借鉴学习！"

从那时起，赵塾师对何应钦总是高看一眼。在赵塾师看来，何应钦不仅聪明，而且思考问题独到，更重要的是他会带着小伙伴们一起学。

何其敏闻知赵塾师表扬儿子一事后，心情久久不能平静。他想，这个"两全其美"的办法，自己捉摸了这么久，一直没得好的答案，没想到儿子给送来了。

第二天，何其敏找到赵塾师，表面上是来感谢赵塾师对儿子的栽培，实际是想帮儿子反映，希望赵塾师能转变教学方法。

赵塾师从事乡塾工作多年，对何其敏所说的每句间接的话，他都弄得清清楚楚、明明白白。从那以后，赵塾师不再强行要求大家背书了，但每人每个月要上交一篇文章。

如果说是何应钦的一篇文章转变了赵塾师的教学方法，那么何应钦是因啥而变得这么才华出众呢？据说，是因为万峰林的壮观给他带来了自信，是万峰林的形态各异带给了他勤于思考，是万峰林的崎岖山路让他得到不一样的磨炼，拥有了博大的胸怀。

光绪三十二年冬，何应钦走出万峰林，来到位于贵阳市南明河畔的贵州陆军小学，开启了他人生的新旅程。

无论是在贵州的陆军小学深造，还是后来就任黔军第一师步兵第四团团长，何应钦无时无刻惦记着家乡，惦记着指引他、陪伴他成长的万峰林。

据史料记载，何应钦的人生旅途中，每当遇到坎坷难以迈开时，他总是很镇静，不慌不忙地从包内取出本子，一笔不停地在本子上勾勒万峰林的画像，或者跑到荒郊野岭面对大山万峰林吟诗一首，意在无论遇到“干旱”还是“寒冷”，必须像万峰林一样岿然不动、毫不退缩。

是万峰林的坚韧挺拔、雄伟壮观，孕育了这个在中国近现代历史上军事、政治叱咤风云的人物。

在万峰林的引领下，在他的拼搏下，何应钦在护法战争中历任黔军团长、旅长和贵州警察厅长，在国民革命期间历任黄埔军校总教官、教导团团长，党军旅长、师长、军长，国民政府军政部长；抗日战争期间历任第四战区司令、军事委员会参谋总长、同盟国中国战区陆军总司令，解放战争时期历任联合国安理会军事参谋代表团团长、国民政府国防部长和行政院长等重要职务。

1945 年 9 月 9 日，何应钦代表中国战区接受日本帝国投降，他的人生达到了令人瞩目的辉煌巅峰。

万峰林，让这位中国近代史有重要影响的一代枭雄何应钦恋恋不舍。据资料记载，1941 年 8 月，何应钦到云南省昆明协调美国空军“飞虎队”成立事项时，回到了坐落于峰林深处的老家，看望这里的父老乡亲，看望这里的巍巍大山。

三年后的 1945 年 3 月，何应钦视察驻云南部队时，再次回到老家泥凼省亲，期间还特意安排到万峰林深处走一走的日程。

何应钦既是一位武将，也是一位文人，同时还是一位好丈夫。他不抽烟、不喝酒、不赌博，不近女色，对妻子忠贞，对继女慈爱。面对不能生育的妻子，他终生厮守，即使在得知妻子罹患癌症的时候，依然伺候左右，不离不弃。

他还给自己定下了一个标准：每个星期，至少陪家人吃一顿饭。这个看似简单的自我要求，对一个没有公务的平凡人来说，要做到也许并不是什么难事，但对一个军务政务缠身的高级军政人员，要始终如一地坚持下去，其难度不亚于打赢一场艰难的战役。

青少年时期在万峰林的陪伴和引领中成长成才的，除了何应钦外，还有国民政府陆军上将王文华（字电轮），中国同盟会先驱、中国近代民主革命先驱、政治家和教育家王伯群，陆军中将、贵州游击军总司令刘显潜，川滇黔三省护国联军副总司令刘显世，战斗英雄冯平学，在朝鲜战场牺牲的中国人民志愿军二二九团五连战士黄延祥、姚太新，在自卫还击战牺牲的中国人民解放军三五二一一部队战士陈福祥等人。

“在万峰林的孕育中，出生于 1950 年的冯平学也算得上是当时的天才，无论是上小学还是中学，他都是全校三好学生。”上纳灰村的村民们如是说。

冯平学 18 岁应征入伍后，先后在中国人民解放军成都部队第 56031 部队第六一分队任文书、排长、副政治指导员，并于 1979 年 2 月随部队参加对越自卫还击战。

同月 23 日，冯平学所在的第四连奉命攻击扬塘外围的 3 个战略高地。第四连攻下越军占据的高地后，冯平学带领主攻排，分三路摧毁越军两座暗堡，冲进了第一条战线。

在攻击战中，连长和指导员均负重伤。冯平学将全连余下的战士集中，继续进攻无名高地。当他带领战士们击毙负隅顽抗的两名敌人后冲锋时，身旁落下一枚越军炮弹和一枚燃烧弹，冯平学和其他战士因此而牺牲。

之后，中共中央军委授予冯平学所在的连为“猛虎连”的光荣称号，昆明军区授予冯平学烈士“战斗英雄”光荣称号。

据历史资料记载，王文华、王伯群、刘显潜和刘显世等人，与何应钦、冯学平一样，天资聪颖，从小便将万峰林中巍峨挺拔的山峰姿态作为他们人生拼搏向上的信条。

每当遇到困难和问题时，他们都会来到峰林丛中，仰望万峰林，感受峰林的坚强，感受峰林的昂扬姿态……

一次次的看望、一次次的回眸，让他们变得敢闯敢拼，让他们变得刚正不阿。

在山峦碧翠、群峰环绕的万峰林脚下的兴义市景家屯村，王伯群故居在初春的阳光照耀下，显得是那么的静寂。整座住宅坐东向西，为硬山穿斗式青瓦木结构，由前厅、两厢及正厅构成的中国传统四合院。陈列馆馆场物品收藏完善。文物展品达 3180 件，是目前兴义市最完善的文物陈列馆。

放眼望去，景家屯村前的狮子山峭壁上，“王电轮将军故里”七个大字在冬日阳光的照耀下熠熠生辉。来自浙江的游客王生前正与家人在七个大字前合影留念。

“王电轮将军是我们王姓宗亲的骄傲。”王生前说，他在杭州从事水果批发，小时由于家庭贫穷，兄弟姐妹多，高中毕业后的他不得不外出打工，挣钱帮补家用。

3 年前的一天下午，他陪女儿到杭州新华书店看书时，无意中看到了有关王电轮将军的文章。出于对同姓人的兴奋，他一口气读完了那篇文章。

“我把王电轮将军的相关情况给女儿介绍，我女儿也很好奇，一直嚷着让我带她到王电轮将军的老家看看，以便更加深入地了解王电轮将军的历史。”

王生前说，为了更好地激励女儿学习，他给女儿一个承诺：“哪年考上一本大学，哪年就带她到王电轮将军的老家看看。”

“没想到，我女儿还真把此事当真，之后一直奋发努力，学习一年比一年好，2018 年高考录取了北京大学。”

为了兑现承诺，王生前利用寒假期间，带女儿及妻子等从杭州飞来兴义，整整用了一天时间，详细了解了王电轮将军的人生轨迹。

“王电轮将军的历史让我们刻骨铭心。但让我们更加难忘的是，没想到中国近代史具有重要影响的一代枭雄何应钦，中国近代政治家和教育家王伯群，陆军中将、贵州游击军总司令刘显潜，川滇黔三省护国联军副总司令刘显世等历史人物也出生在这万峰林丛中。”

## 峰林的传说

气势宏伟、声势浩大、犹如千军万马组成的万峰林，不仅孕育了何应钦等诸多历史人物，培育了冯平学、黄延祥、姚太新、陈福祥等为国争光的英雄，它还流传着四个美丽动人的故事。

第一个故事是关于万峰林的传说。

相传在很久以前，万峰林一带是一片汪洋大海，为了让人在这里生息繁衍，玉皇大帝命令海神童退去海水，露出了盆地和山川，又命令四方土地神下凡管理这方地界。然而很多年过去了，这里仍是一片荒凉。

玉帝知道后，便与四王母商量，决定派出西王母的三个子女阿娥、阿凤和阿龙三姐弟去治理。三姐弟十分高兴，决定当夜下凡，火速完全成任务：一更天逢山开路，二更天遇水搭桥，三更天汇聚群山，四更天赶山填海，五更天鸣金收兵。

阿娥、阿凤、阿龙姐弟三人带领天匠、技师们迅速来到人间，开始逢山开路，遇水搭桥。这时，土地、山神们都慌了，认为如果任由三姐弟把山都赶去填海了，那自己就再也不能当土地山神了。

土地山神赶紧去找东海龙王商量，东海龙王得知海将被填平，也慌了，赶紧去找观音菩萨商量，观音菩萨也怕土地山神被赶走后，再没人给自己烧香传佛，就决定亲自前往阻止。

这时，阿娥、阿凤、阿龙三姐弟已经汇聚在群山，正在赶山去填海。大姐阿娥带人赶着山来到耳寨，突然听到天上传来奏乐打鼓的声音，她以为是天鼓敲响要求收兵的声音，便停住准备去问个明白，原来却是观音菩萨和龙王命令仙童敲鼓奏乐迷惑她。

二姐阿凤带人赶着山来到鱼龙寨，忽然江太平内河涨起了大水，把人马全都冲散了，原来是观音菩萨引来了南海水阻挡，以拖延时间。三弟阿龙带人赶着山来到纳灰寨，突然觉得眼皮十分沉重，只想闭上眼睛睡觉，原来观音菩萨念起了瞌睡经，让阿龙带的人马听着听着就睡着了。

不多时，已到五更天。

天鸡一叫，阿娥、阿凤、阿龙三姐弟的仙术法力都失灵了，赶山填海的任务再也完不成，连自己也无法回到天庭了。

从此，三姐弟赶来的山就聚在这里，成了今天的万峰林。

第二个故事是关于将军峰的传说。传说很久很久以前，这里一片汪洋，鱼虾肥美，当地渔民过着“早晨出海渔歌扬，黄昏归来鱼满舱”的捕捞生活，是远近闻名的渔乡。

后来，从远海游来一只巨大的水怪，潜伏于深海之中。那水怪长着鳄鱼般的头颅，一头大肥猪都不够塞牙缝，害得当地渔民人心惶惶、民不聊生。因那水怪体型硕大，嗜血成性，当地渔民便为它起了个名字叫“巨魟”。

玉皇大帝看在眼里，急在心头，赶忙委派太白金星赶赴灌江口，说服二郎神面见玉帝。二郎神虽然立下“听调不听宣”的誓言，但听到百姓蒙难，二话没说，唤上哮天犬、带着扑天鹰、骑着银合马，腾云驾雾，面见玉皇。

得令后，二郎神挥舞着赶山鞭，从遥远的地方赶来座座山峰，把那水怪活生生的镇压在海底。

没想到，那水怪在暗河中吸取地下阴气，历经千年，修炼成精，钻破地皮，从八环地的大山脚下窜了出来。一瞬间，巨大的洪流裹挟着水怪，从洞口喷涌而出，一路穿山越岭，奔流成河。

水怪出洞以后，口吐黑烟烈焰。所到之处，林木顿枯，庄稼尽毁，生灵全无，人间万物化为灰烬。清澈的水流很快就被灰尘污染，变成了一条秽浊的河流，今天的人们叫它纳灰河。

看到水怪再次祸害人间，玉皇大帝龙颜大怒，再次降旨二郎神，彻底剿灭水怪。接旨后，二郎神率领天兵天将，将水怪团团包围，围困在河流之中。

二郎神在半空中抛出密密麻麻的妖绳，结成了一张天罗地网，向水怪藏身的地方当头罩去。

那水怪既已成精，也不是等闲之辈，并不甘心束手就擒！水怪看着天罗地网从天而降，立即从河底跃出水面，张开血红的巨口，吐出了阵阵黑烟烈火，不仅把二郎神逼得倒退了几十里，还把天罗地网烧成灰烬。

二郎神想不到水怪的法力如此厉害，不敢有丝毫的大意，决心和水怪殊死一搏，为民除害。

二郎神从怀中掏出照妖镜，口中念念有词：“八卦旋飞轮，借阳定乾坤。为民除妖怪，功德永传承。”话音刚落，照妖镜吸纳进如梭般的太阳光，化作一阵阵旋转的八卦飞轮，疾似闪电，快如利刃，猛击水怪的头颅。

那水怪吸纳的毕竟是地下阴气，最怕真阳转化的八卦飞轮，瞬间被旋转的八卦飞轮打得晕头转向，疼痛难忍，只好潜入地下河，伺机逃命。如今的纳灰田坝中间，依然还保存着“八卦飞轮”的清晰印痕，人们都称它为八卦田。

二郎神哪能给水怪喘息的机会，揣好照妖镜，唤上哮天犬，放出扑天鹰，拔出斩魔剑，穷追不舍。

那水怪元气大伤，毫无还手之力，一会被追到地下河，一会又被逼得穿地层，仓皇逃命。据说现在的纳灰河畔那些数也数不清的天坑，就是当年水怪从暗河逃到地面的最好见证。

水怪逃到纳灰河的下游处，被哮天犬咬住了脖子，被扑天鹰咬瞎了眼睛。二郎神看准时机，高悬利剑，对准水怪的脖子用力一挥，那水怪便尸首分离，头颅飞向半空，然后又从半空中飞速落地。

只听见一声巨响，那水怪的头颅居然将地层砸开了一个巨大的洞穴，连同尸体一起，被河水冲进了地下暗河。这个洞穴，今天的人们称它为落水洞。

除掉水怪，二郎神想到这片美丽的家园不能再有任何的灾难，决心站在纳灰河边，做老百姓的守护神。历经千万年后，二郎神化作了那尊威风凛凛的岩溶孤峰，世人皆称其为“将军峰”。

为了表达对二郎神的敬意，后人在屠杀水怪的地方修建了一座桥，命名为“斩魟桥”。后人为了永远铭记二郎神的功德，在“将军峰”的纳灰河上修建了一座石桥，取名叫“将军桥”。

第三个故事是关于万峰林八卦田的传说。

相传在很久以前，这里自然条件恶劣，洪涝灾害时有发生，山林野兽经常出没于村寨，叼走家禽和小孩的事情时有发生。夜晚时分，人们纷纷闭门不敢外出，本来人烟稀少的村庄更显荒凉。

一天，一位姓李的道士云游到万峰林。

李道士本事非同一般，寨中老幼便请他来到纳灰寨，让他看看有没有办法改变这里的现状。听了村民的诉苦后，道士答应为大家看一看，并在纳灰河上下周围进行踏勘。

事实上，纳灰河一带灾荒连年，土地荒芜，人烟稀少，野兽肆意伤害的原因，是这里住了一个山怪。这山怪经过多年修行，已然成精，属于山精野兽一类，这里的一切都是它造成的。

它知道李道士接受了当地村民的要求，便对李道士说，我给你财物，你走吧，这里的事你别管，你也管不了的。

李道士不肯，认为灰溜溜地走了没面子，也是他在这个行当的耻辱，便要山怪离开这里，让这里的村庄得到安宁。

山怪见李道士较真了，便说："那好吧，我们两斗一盘，看看是你的本事大，还是我的功夫深。"

一场李道士与山怪的斗法，在纳灰寨前由此展开。

双方兵来将挡，水来土掩，斗得天昏地暗，飞沙走石，李道士凭人力，山怪却是调集山石野兽、蛇虫蚊蝇之类，眼看李道士轮番斗法，一次次打败山怪，但山怪一方却总是源源不断调集兵力。

最后，山怪见李道士力气耗尽，便亲自出马，准备一举成功。双方相逢，分外眼红，山怪挺剑而来，李道士迅速攀上峰林高山之巅，从高处扔下八卦盘，向山怪打来，山怪见了临空而来的八卦盘，惨叫一声，倒地而死。

只见八卦盘在空中翻飞，逐渐在耀眼霞光中衍生万物，八卦中的乾化为马匹，坤化为牛，震化为龙，巽化为鸡，坎化为猪，离化为凤凰，艮化为狗，兑化为羊。八卦中的阴阳二极化为天眼，八卦落地，迅速变大，罩住了这片大地。

第四个故事是关于太平寺的传说。

太平寺位于万峰林双生村磨石地组"刘家老屋基"旁边的半山上。

道光年间，磨石地村民刘相停是远近闻名的富裕人家，自己因为信佛，自掏腰包将其山洞建设成家用念佛的地方。

咸丰五年，磨石地村部分人士又出钱出力，将刘相停建设的家用念佛地方，打造成寺庙，后断断续续的有法号“海宗师”僧人在这里吃斋念佛，太平寺因此成了方圆十里信佛村民们的念佛之地。

后来，太平寺在“四清”期间遭到不同程度的破坏。如今，经过人们的修复，保存还算完整。

从此，万峰林脚下的纳灰村龙凤呈祥，六畜兴旺，年年风调雨顺，百姓生活幸福安康。如今的纳灰河畔，奇峦异峰耸立，两岸垂柳相映成趣，一派欣欣向荣景象。

八卦盘落地之处，正是被当今人们名为“八卦田”之地，也因此而被人们被誉为“神州八卦”。

## 万峰林的迷途

万峰林的山峰与桂林的山峰相仿，平地拔起好似国画般的美丽，但是远比桂林密集。这就是明朝大旅行家徐霞客为何要在万峰林写下“天下山峰何其多，唯有此处峰成林”佳句的原因。

那么，30 多年前的桂林山水，早就被写入了小学课本而闻名于天下，万峰林为何没有桂林的山水闻名呢？

究其原因，除了因为万峰林“出生”在欠发达、欠开发的西南边陲的客观原因外，主观原因还是缺乏有效的宣传推介。

据万峰林丛中的村民们介绍，那些年，村民们并没有宣传推介万峰林的意识，认为这么多山峰不仅没有给大家带来发展的前景，反而阻碍了大家的发展道路，内心深处埋藏了对万峰林的些许不满。

就因为这样，在万峰林丛中的这些村庄的村名，都没有以“万峰林”中的任何一个字进行取名，这大概就是村民最反感万峰林的有力诠释。

在30年前的有关历史资料上，笔者也没有发现有对万峰林相关内容进行介绍的资料。就连出生在万峰林丛中的何应钦、王电轮、王伯群、冯平学等历史名人，在他们的资料里也只是介绍了泥凼、景家屯等村庄名字，很少提及“万峰林”三个字。

万峰林虽然孕育了这么多历史名人，但它没有一丁点机会伴随着这些历史名人一起走出兴义，迈向全国。仍然默默无闻的屹立在那里，守护着一代又一代的广大人民群众，盼望他们度过困难时期。

“农民都是靠种地吃饭。峰林脚下的村庄大家数都处在人多地少的困境中。由于峰林的植被好，峰林中野生动物比比皆是。每到冬春时节，这些野生动物成群结队窜到村里找吃的，有的甚至钻到村民家里翻缸倒罐。也至于那时候大家做梦都在想，要是这些山峰一夜之间全部消失，变成一块块的良田，那该多好呀！”村民们如是说。“就因为野生猴子、野猪等动物的侵扰，每到夜晚，好些村民外出都要结伴，生怕遭到野生动物的袭击。”

村民们说，那时候种在山脚下的庄稼，每年几乎都是和猴子、野猪平分，有的地方甚至还没完全成熟，就被野生动物全部吃完了。

那时候的黔西南州，交通不便，人多地少，有着贵州“西藏”之誉。生活在这里的广大人民群众，多数人家缺衣少食。在当时来说，无论是万峰林所处的地方政府、还是上级部门领导干部，他们都在想群众之所想、急群众之所急，整天操心的是，如何解决人民群众种地的问题，如何让更多的人民群众少挨饿的问题，如何让更多的人民群众有衣穿的问题，哪有精力包装、策划、宣传万峰林呢？

村民们说：“那时候，由于物资的匮乏，大家都生活在水深火热之中，不少人家一年种的庄稼不够半年吃。因此，大家更多的是考虑如何把玉米种好、把稻谷种好，争取有个好收成。”

在种种原因的“笼罩”下，万峰林似乎被人们遗忘了。反之，桂林的山山水水却让这里的村民们记忆犹新。“1988 年，我们在读小学六年级时，读到了《桂林山水甲天下》这篇文章，感到特别惊诧，桂林的山水都能写入课本，我们这么多密集的山峰为何就不能写入课本呢？”

看到了桂林山水载入了学生课本，看到桂林山水登上了电视荧屏。对万峰林一直有不少不满的村民们，在闻知桂林的山、桂林的水给当地老百姓带来了不少收入时，似乎改变了对万峰林那“不公平”的看法，在他们的心里，也希望自己的家乡万峰林早日出现在电视荧屏上。

土生土长在万峰林脚下的村民王老二，对万峰林的宣传推介有着些许怨气。他说，桂林有个刘三姐，万峰林有个阿朵妹；桂林有条漓江，万峰林有条纳灰河；桂林有个象鼻山，万峰林有个将军峰；桂林有个李宗仁故居，万峰林有个何应钦故居；桂田有田园风光，万峰林有八卦田美景……

无论在地理位置、历史人物，还是在自然景观上，万峰林都敢与桂林相媲美。尤其是在山峰方面，万峰林的山峰比桂林更密集，山峰的数量比桂林更多。

如果在 30 年前就把万峰林写入小学生课本内容，把万峰林那层峦叠嶂的山峰“搬”到电视荧屏，万峰林早就扬名天下了。

“记得那时候，我们几个小伙伴还将《桂林山水甲天下》文章的内容改成了《峰林山水甲天下》，每天课外休息时，大家都会一致唱读起改编后的课文，读得是那么的入脑入心，真希望有朝一日，咱们美丽的家乡也能出现在课本上。”

尽管万峰林如此的“独一无二”，如此的让人过目难忘。但万峰林犹如一壶醇香的米酒，窖在滇黔桂三省（区）结合部的大地上这么多年，很少人品尝到它的醇香。如果把万峰林比喻成为亭亭玉立的美少女，那它因为天时、地理和人和，一直隐藏在深闺中，是多么的盼望着世人早日揭开它那神秘的面纱。

己亥年初春的峰林脚下，来自浙江杭州的游客徐扬，带着一家老小在这儿住了一个多星期。用他的话说："万峰林就是一杯醇香的米酒，让人喝了还想喝，久喝不厌。如果万峰林'生长'在我们江浙一带，也许早就与我们的西湖一同扬名天下了！"

# 第二章　生态恶化的万峰林

满峰葱绿的万峰林，在当地村民因为生存和发展的“逼迫”下，山上树木被砍光，石旮旯变成了小块地，山脚下污水横流，房屋乱搭乱建现象无处不在，生态环境变得越来越糟……

环境污染和生态破坏成为阻碍万峰林脚下村庄经济社会可持续发展、危及村民生存的重要因素和关键问题。

## 人与兽

在峰林脚下的乐立村、双生村、鱼龙村、纳灰村等地，如今还有保存完好的十余件文物。

拒控碑位于鱼龙村，高 126 厘米、宽 78 厘米，方头无帽，额横书阴刻“勒石垂古”四字，碑文如此记载着：

“盖闻祖宗创业于前，而子孙世守无替，先圣先贤之言，垂诸后世而不朽也。想予鱼龙寨下坝众户，先祖居住以来，协力开垦成熟水田陆地，合之侧为一生，分之则为二十四坌，数十坌中又分为四十八丫，俱属同乡共井。因乾隆年间本村土司应站亏欠，众户义助其田毛租二百八十八石与伊，零星拨抵，各认债主纳租，迨后各自备价赎回，仅有那笼、那科纳、那哄悃三丫，抵当何姓，未曾归赎。

嘉庆十七年，黄姓子孙欲占卖此田，众等心怀不平，控经杜县主讯断：永为百姓之业，黄处不得沾染丘角，有案在卷。延至道光元年，仍复妄生枝节，私派陆地应役，两造互控，经县府主，伊自知情愧，无敢升堂对质，央请绅耆私地和息，伊立有杜后柄据，具结在案。

敦知伊谋心不遂，迭控无休，于本年四月内，廖主荣升，伊孙无知先辈有凭，复捏词妄控。蒙廖主明鉴，触破奸情讯明，永不得妄自霸占。计此田原先每丫出谷五斗当夫，今因争讼费用捐去三斗，止亏二斗，每值换官搬仓夫五名照榀。予众等恐后无凭，是以为序，以勒于石，以垂不朽云尔。”

从拒控碑碑文不难看出，早在300多年前，万峰林周边就聚集了不少村民。不过，据说那时候的峰林丛中人烟稀少，偌大的西峰林深处，仅住着20多户人家。

20多户人家却演绎着让后人难以忘怀的故事。“听我们祖辈说，那时候万峰林丛中到处是野兽，住在这里的人们一年四季都呆在这里，不用种田种地，吃的是野兽肉，穿的是野兽皮。”纳灰村的村民们回忆说。

最让村民们刻骨铭心的，要算西峰林丛中人与野兽争夺生存地盘的故事了。据说有一年，伴随着西峰林丛中人口的增多，野兽们似乎也看出了它们生存的危机。

为了赶走生活在这里的人们，这些野兽们时不时把这些人家的铺笼帐盖叼到峰林中，有时趁这些人家的大人不在家中时，把这些人家刚出生不久的小孩当做它们的美餐。

为了减少被野兽的侵袭，生活在西峰林丛中的20多户人家真可谓伤透了脑筋。后来，他们经过商议，决定从分散住居变为集中居住，地点选择在西峰林丛中最大的一块荒地里，也就是今天西峰林丛中的姚家湾。

看到分散生活在这里的人们集中居住在一起的场景，毫不甘心的野兽们并没有被吓倒，而是继续开展它们的“赶走”计划。

一天晚上，当人们处在睡梦中时，一阵接着一阵的野兽呼叫声将他们从梦中惊醒。当他们点上灯发现，这个20多户人家的村庄周围全是野兽，有的在树梢上做出鬼脸，有的用爪子不停地刨着地面，有的则不停的呼叫，意在向人们示威，希望他们赶紧搬走。

然而，当它们看到人们拿出弓箭等武器后，纷纷逃进了峰林的森林之中。“听我们祖辈们说，自从那次出现成群结队的野兽后，如此下去也不是上上策，好些人家开始从心底里为自身的安全感到担忧。”纳灰村的村民们回忆。

后来，居住在这里的人们经过分析，认为出现野兽成群结队前“示威”的根本原因：一是野兽繁殖力过快，力量越来越大；二是大家吃的是野兽肉，穿的是野兽皮，野兽们也将他们视为了“敌人”。

他们深知，这次前来“示威”的虽然是些小动物，但这样的场景，是他们从来没有看到过的，如果再这样继续下去，引来峰林深处那些凶狠的狼等动物，那后果就不堪设想了。

摆在这20多户人家眼前不争的事实是，要么搬走，要么与野兽们和谐相处。否则，他们的人身安全将会越来越没保障。经过大家的商议，他们采取了不再食用野兽肉的方式，来试探一下野兽们的反映，再进行定夺是否搬走。

峰林丛中不仅野兽多，各种果树更是遍布每个山头。于是，大家放下狩猎的“武器”，白天三个一群，两个一伙行走在峰林丛中，采摘野生果实、野生蔬菜等，从此改变长期以来食用野兽肉的习惯。

渐渐地，野兽们发现居住在这里的人们不再捕杀它们的同伴后，感到异常奇怪，先后多次成群结队跟踪进入山里采摘果实的人们。

有一天，十多个野生动物悄悄跟随在上山采摘果实的人们后面，当它们发现人们采摘的是它们的每天食用的食物后，再次向居住在这里的人物发起“进攻”。

通过一次次与野兽的较量，经过一次次的不断总结，大家一致决定，共同利用好房前屋后的一块块空地，划定一定范围种植蔬菜等食物，不再上山与野兽争夺食物。

“听我们的祖辈说，这些野兽也挺通人性的，它们看到人们不再伤害它们，不再与它们争夺食物后，从此不仅不再侵扰居住在这里的人们，有时候有些小动物前来采摘他们种植的食物时，那些大动物还会对小动物进行体罚，将已采摘的食物叼了回来。”纳灰村的村民们回忆说。

据说那时候，在离万峰林不远的龙头大山上生活着一帮土匪，他们背着火药枪四处劫财劫物。有一天晚上，这帮土匪从东峰林翻山越岭，朝着姚家湾的方向挺进。

让土匪们意想不到的是，他们的动静被峰林丛中的野兽们发现了，数十只野兽跟随着这帮土匪来到了姚家湾。当它们看到土匪破门而入进行抢劫时，野兽们通过那种呼叫声，短短半小时内，就聚集了近千只各类凶狠的野生动物，将 20 多家人团团围住。

当土匪们大摇大摆地将一年轻姑娘押着准备离开时，十多只狼一涌而上，土匪们还未反应过来，自己的“武器”已被凶狠的狼叼走。

紧接着，又有十多只狼扑了过来。

它们用凶狠的眼睛盯着土匪。

正当土匪们吓得尿裤子的时候，被绑的姑娘告诉土匪们：“你们若要绑走我，今天你们一个都别想离开这里。要想活命的话，唯一的选择只有放开我，把你们抢的财物还给大家，这些动物才会放你们走。”

在土匪们看来，姑娘刚才所说不过是为保全自己编造的谎言而已。于是，他们押着姑娘一步步向外挪动。没想到这一步一步的挪动，却惹怒了倒挂在树上的猴子们，它们跳到土匪们的肩上，又抓又咬。

守候在旁边的狼群也没闲着，它们向着土匪们的大腿使劲咬去。在一阵阵的叫喊声中，土匪们放开抢劫的财物和捆绑的姑娘后，方才得以离开姚家湾。

动物们与土匪的殊死搏斗，深深感动着在这里生存的人们，尤其是那位被救的姑娘。从那以后，她便将峰林丛中的野生动物，当成自己的要好朋友。

每到冬天，她都会踩着厚厚的积雪来到峰林深处，为这些动物们生起一堆堆火堆，给动物们取暖。有时候还给动物们送去一些食物，让它们安心过冬。

这些动物们似乎也被这里生活的人们的所作所为所感动，每到秋收季节，它们也会给村民们送来一些果实等食物。

……

人与动物和谐相处的画面在峰林深处不断上演着。

据说，那时候的土匪猖狂至极，方圆20公里外的所有村庄都被土匪们曾经打劫过，唯独姚家湾成了一个安全的“岛国”。安全的原因在于，土匪们都怕峰林深处的那些动物。

这个安全“岛国”的消息经过发酵后，便有不少人冒着生命危险慕名来到姚家湾一探究竟。当看到这里的人们居住在这峰林环绕、有水有地的好地方后，纷纷请求搬到这里，与大家一同生活。

就这样，越来越多的人搬到了万峰林西峰林丛中。伴随着人口的增多，峰林中也越来越热闹了起来。

## 峰林创世纪

伴随着时间的推移，兴义建县后，生活在西峰林深处姚家湾的这些人家陆续分散至安章、平寨、鱼龙、乐立、双生等地居住，县里便以安章为中心，将安章、平寨、鱼龙、双生、乐立、纳灰等合成“安平九寨”，形成了一个近可攻、外可守的以安章为中心的村庄。

清光绪二十七年，地方官绅和民众共同出资，在姚家湾建成了瓦木结构房屋作为教室，创办了崇仁乡下纳怀小学堂，从外地请来了塾师，生活在“安平九寨”里人们的孩子从此有了学堂，告别了祖祖辈辈都是文盲的年代。

民国十四年，贵州省省长彭汉章派旅长马明亮、杨其昌率所部到万峰林脚下，扣押混成旅长刘新吾，勒令上缴刘显世、刘显潜藏在家中的全部武器。

民国31年，奉国民政府令实行新县制，位于西峰林的“安平九寨”属于下五屯直属区署。下纳怀小学堂改为纳怀保国民学校。

中华人民共和国成立后，中共兴义县委在下五屯搞土地改革试点，经过一年多时间执行秋征、清匪、反霸、减租、退押“五大任务”，遵照中央人民政府颁布的《中华人民共和国土地改革法》、中央政务院制定的《农村阶级成分划分办法》和《补充办法》，以及《贵州省实施土地改革补充办法》，土改工作稳步推进。

1952年8月，西峰林脚下的纳灰、乐立、鱼龙等地认真执行“依靠贫雇农，团结中农，中立富农，消灭地主阶级”的土改路线，以村为单位，依靠村民农协会，分为发动群众查田评产、划分阶级、斗争不法地主、没收地主土地及浮财、征收富农土地、分配土地及斗争果实等五个阶段进行。

1953年底，西峰林脚下的村庄和其他地方一样，顺利斗倒了地主阶级，推翻了人剥削人的封建土地所有制。

西峰林脚下的村庄，经过土地改革，农民分得土地及耕畜、农具等生产资料后，在分散的小块土地上耕种，开始产生小农经济与生产的矛盾。

1954年春，根据中共中央《关于发展农业生产合作社的决议》和中共贵州省委第一次农村工作会议部署，农民以土地入股吃“死租”，耕畜农具由社租用，统一经营，共同劳动，按劳动评分和土地入股的多少进行分配，办起了初级农业生产合作社。

1955年，根据中共中央主席毛泽东《关于农业合作化问题》的报告，掀起了农业合作化高潮。同年 11 月底，初级农业生产合社开始发展。

同年底，峰林脚下所有村庄开始试办高级农业生产合作社。高级社实行土地入社，耕畜、大农具、山林折价入社，土地、劳力由集体统筹安排，社员报酬是“按劳分配”。

“那时候，对丧失劳动力的孤寡老人，实行保吃、保穿、保烧、保住、保葬的‘五保’制度。”村民们回忆说。第二年，万峰林脚下的所有村庄以寨子相对集中、人口相对密集的成立合作组，进行集中生产，集中经营，按劳分配。

1958 年秋，中共中央主席毛泽东“还是人民公社好”的讲话和中共中央《关于在农村建立人民公社的决议》发表后，高级社合并成为人民公社，下设管理区、生产大队、生产小队。农户由合作社社员转为人民公社社员。

人民公社是国家基层政权和集体经济组成的“政社合一体制”。那时，公社办起了集体大食堂、托儿所、幼儿园、敬老院，实行工资与供给结合的分配制，粮食集中保管，统一安排，逐步暴露出平均主义和过分集中的倾向。

“基层存在的问题，引起了中央的高度重视。”之后，村里解散了大食堂，归还自留地并划给社员部分开荒地，实行基本口粮和按劳分配相结合或按劳分配加照顾的办法。

1972 年，西峰林脚下的下五屯区召开农村工作会议，贯彻中央《关于农村人民公社分配问题》的指示，重申按劳分配的原则，改变大寨式政治分工，恢复定额管理，实行粮食征购到队，一定五年不变的政策，提倡私人养猪，重新分配自留地和饲养地，恢复自由市场。

1976 年秋，峰林脚下的鱼龙村掀起兴修水利热潮，鱼龙水井整修完毕，鱼龙村干部群众兴高采烈，主张留下石碑以作纪念，乡贤岑维贤等人组织立碑，以诗歌体叙述鱼龙村历史及中华人民共和国成立后的发展变化，碑文如下：

鱼龙寨子自靠山，山水田地紧相连。
三结坡来三结湾，十六名坡七个山。
四山前后左右界，三山坐镇右中间。
六成加上一级成，西边西宫两宫盘。
一寨八丫出紫州，西地一坝出居长。
三个坝子供放牧，加上戌猫益坡板。
三个俭石石中石，还有巫牛和坡红。
一个母子乱水淹，两个洞子各春干。
两道河梁大石桥，一个坡井三寨担。
一条水沟长十里，上下青戛鞍马山。
鱼龙寨子历史远，世代祖传数百年。
前居自今有苦甜，提起苦来心中酸。
江西湖广住祖先，祖先斩棘建家园。
双手开出米粮川，全被奴隶主霸占。
夺了土地杀祖先，灭种灭族才心甘。
为了儿女外逃生，含着眼泪把家搬。
拖儿抱女往外搬，走过万水与千山。
渴时喝水饿时饭，热无遮盖冷无穹。
百日奔波在深山，夜晚饥寒路边眼。
何处是我落脚点，度过春夏秋冬间。
一直逃到同治年，来到现在鱼龙地。
黑洋大菁把家安，开荒改土齐备战。
修沟筑坝造水田，沟坝落成听水喷。

旱涝保收粮保险，造就一个米粮川。

各地奴隶地主同，同是乌鸦一般黑。
派兵拉夫又派款，又服劳役又坐监。
服役受苦不上莫，十有九户离家园。
一十二人被拉夫，五人为夫不回还。
劳动造地千亩田，多被地主来霸占。
农民一百二十户，仅有土地百亩田。
七十三户租田种，二十一户帮长工。
一年拼死拼活干，吃用不够过寒冬。
一斗二升狗地庐，全是寄生富人户。
压迫剥削齐用尽，更比吃人野兽毒。
穷人受尽千般苦，口口声声骂地主。
盼年盼月盼解放，打倒地主吃人精。

四九年来春雷响，来了救星共产党。
随着穷人闹革命，建立农会把权掌。
从此穷人大翻身，上下一心团结紧。
清匪反霸搞土改，打击地主害人狼。
团结互助搞生产，同心协力齐奋战。
大修水利地变田，全村变田二百三。
七十农户建新房，五十六户犹修补。
新农新裢新棉衣，过年还杀大肥猪。
吃粮一年有保障，每年四至五百斤。
五保四属有照顾，人人欢笑喜在心。
大队设有医疗室，老幼病痛有人治。
病故人教大减少，保证健康增寿日。
小学中学有齐门，少年儿童喜笑盈。
读书生产两不误，增加学生百余人。

二十五个初中生，高中毕业有四人。
还有一个进大学，即将毕业回山村。
开展大队办林场，山清水秀树苗壮。
几年以后树成材，建厂建房有保障。
大队又办发电厂，一能加工二发光。
妇女首推得解放，无油中里亮堂堂。
喜看鱼龙新变化，变样不是从天降。
主席英明来领导，全部归功共产党。
继续努力学大寨，阶级斗争为总纲。
永远要听党的话，坚决跟着共产党。

青年同志要注意，阶级仇恨要牢记。
忘记过去千般苦，阶级路线要背离。
世上还有帝修反，仍然存在战争险。
努力工作紧备战，狠抓革命促生产。
我们不怕核威胁，我们反对核战争。
人类制造核武器，亦能将它销毁尽。
我们不侵略别人，不怕别人欺我们。
中国人民有志气，抗击任何侵略军。
八亿人民心要齐，人民战争显威力。
军民团结如一人，试看天下谁能敌。
壁垒森严显威风，要防叛党叛国人。
社会主义如朝阳，资产阶级党内存。
党内顽固走资派，阴谋诡计被破坏。
工农商学齐响应，要把叛徒揪出来。
对待叛党叛国人，马列主义像明灯。
路线分析制画皮，光天化日现原形。

阶级斗争莫忘记，是非恩怨子孙记。
努力攻读马列书，马列著作拟学习。
认真学点世界史，了解路线斗争史。
懂点儒学斗争史，揭露叛徒旧学史。
掌握思想的武装，掌报手中的武器。
自此革命两件宝，就能立于不败地。
青年犹如朝阳升，希望寄托我们身。
继续革命不忘本，主席路线要紧跟。
世界革命风云滚，天地翻覆气象新。
历史潮流不可拒，共产主义定来临。

1978 年 1 月，下五屯区制定《关于认真贯彻落实按劳计酬，搞好小组责任制的意见》，重新恢复和完善定面积、定劳力、定工分、定产量和起产奖励的小组责任制。在实行小组责任制的基础上，试行联产承包到组，超产奖励 30% 至 50% 的小组责任制。

之后，西峰林脚下的下五屯区又根据中共中央“关于地广人稀、经济落后，生活贫困的地区政策要放宽，直到包产到户”的指示精神，在纳灰、乐立、双生等村推行包产到户统一分配或大包干到户的办法。

“所谓的家庭联产承包责任制，是在生产资料共有，禁止买卖土地的前提下，合作社将集体所有的耕地以户为单位，承包给社员经营。”村民们回忆。

承包户按承包土地的面积，上交一定数量的提留粮给生产合作社，公余粮分户负担，生产费用自理，年终自负盈亏。

1978 年，中共十一届三中全会公报发表后，兴义县开始农村经济体制改革，取消对农民家庭副业和农村集市贸易的限制，扩大生产自主权，调减对农民粮食征购负担，调增农副产品收购价，并试行了国家与社队实行承担经济责任的产、购、销责任制。

那时候，社队内部实行专业队、组、户、人包工包产联产计酬责任制，农村干部考核实行联系经济效果的奖惩制。结果，村民们大部分选择包干到户，其方法是农作物生产经营、国家征购任务、集体提成均包干落实到户，做到保证国家、留足集体、剩下的归个人。

## 万峰林的枪声

彼时，在农村，“多子多福”是农村的生活哲学。生活在历史人物辈出的万峰林脚下的村民们，和其他村的村民一样，这一生活哲学，早已在他们心中烙下深刻印记。

在他们看来，在党的好政策下，要培养出类拨萃的人才，只有多生，一个不行一个行。至此，1971 年以来，万峰林脚下的村庄人口发生了快速递增的现象，万峰林已从昔日的冷冷清清开始变得热闹了起来。

“1968 年以来，我们村一家有七八个孩子的人家占多数，有的人家为了‘香炉脚’（生男孩），不停地生，直到有了‘香炉脚’才罢休。”纳灰村的村民们回忆说。

1971 年年底，由于人口的增长过快，国家开始实施计划生育政策。对于万峰林脚下的这个人口饱和的纳灰村、双生村而言，人口的快速增长，已引起上级部门的高度关注。随即，兴义县开始在这里试点贯彻执行计划生育方针，目的是控制这里的人口增长率。

尽管实行计划生育，村民们的观念还是难以得到改变，躲着生育、外出生育等现象还是“遍地开花”。

1981 年，西峰林脚下所有的生产队开始实行包干到户，并落实了定生产队干部、定合法分地人口、定产量、定耕地面积、定耕畜和包国家粮食征购任务、包主要农副产品派购任务、包干部报酬、包公共积累、包公益金、包生产费用、包农业基本建设用工等政策后，西峰林脚下的村民们遇上了饥荒潮。

“峰林中的土地本来就少，在那些年人口增多的情况下，土地分到各家各户后，人均耕地面积不足半亩。好些人家因此而年年闹饥荒。”村民们回忆说。

那时候，每到每年的四、五月间，就是大多数村民挨饿的时间。为了让孩子吃上饭，大人们通常把仅用的粮食留下，磨成细面熬成粥，给十岁以下的孩子们吃。上了十岁以上的人们，靠的是上山挖野菜、摘野果充饥。

“山上的野菜挖光了，野果摘光了。人们就去剥树皮与粑粑茎（当地人对一种野菜俗称）混合一起搅拌，像打磁粑一样形成一块一块后蒸熟了充饥。”

谈及饥荒年月，纳灰村几位七十多岁的村民，至今仍记忆犹新。据他们说，尽管随着人口的增多，但大家都知道那些动物与老一辈曾和谐相处的故事。至此，饥荒初期也没有村民们去捕杀峰林中的野生动物。

让他们没想到的是，那些年闹饥荒的不止他们这些村，万峰林方圆二十公里外的村庄也在闹饥荒。如果遇到风调雨顺的年份，大家都会靠挖野菜、摘野果度过饥荒。倘若遇到干旱年份，就连吃野菜也没有地方挖。无奈之下，一些村民只能结伴外出，到七十公里外的云南省罗平县一带挖野菜、摘野果。

“我还记得在1982年，因为大旱，不少村子连吃水都成问题，地里的庄稼全被旱死。于是，峰林深处开始出现了隐隐约约的枪声。”村民们回忆。

当他们赶到峰林丛中，才发现不少外地村民，在饥饿的啃噬下，已开始向峰林丛中的野生动物扣响扳机，以此度过饥荒。

“当时，我们虽然也在度日如年，但我们还是坚定信心，不捕杀峰林中的野生动物。为了不让外地村民捕杀峰林中的野生动物，他们曾经找这些外地村民洽谈过，并把老一辈留传下来的‘人与动物和谐相处的故事’转述给他们，希望他们因此而收手。没想到，一些村民竟然当场给他们跪下，说他们的孩子快饿死了，这是他们没办法的选择。”

看到外来村民每打一枪、每只动物倒在血泊里的场景，纳灰村的村民们看在眼里，痛在心上。“那时候，在救人与救野生动物之间，也只能选择救人了。”

随着峰林深处捕杀动物的外地村民越来越多，峰林脚下的村民，也渐渐加入到捕杀野生动物的“大军”中。无论白天还是黑夜，峰林丛中四处弥漫着枪声。

一天傍晚，有几位万屯下面的村民，前来峰林中捕杀野生动物时，发现前方树丛中有动静。他们以为是野生动物，遂举枪射击。枪响后，一位藏于树丛中的村民应声倒地，因此而受重伤。

那时候，有的村民确实是迫不得已才来捕杀峰林中的野生动物的，但也有不少村民将捕杀动物作为谋利手段。“一些枪多、狩猎工具齐全的人家，晚上捕杀动物，白天将捕杀到的动物拿到乡场上去售卖，以此获取财物。有的人家为了预防来年挨饿，甚至将捕杀来的、吃不完的野生动物制成腌制品。”

在峰林脚下的村民们看来，在那个年代，峰林丛中的近万只动物，确实救活了不少村民，让大家度过了那难挨的饥荒年代。“度过饥荒的人们，应该要铭记峰林中的那些动物，没有它们的存在，也许有不少人是存活不下来的。”

那些年，村民们除了缺吃的，更缺少柴火。

万峰林丛中那些茂密的树木，也同步遭受到村民们的“掳夺”。“那时候，峰林中的树木多以杂木树为主，有的树木有十多米高，大多数都在三米以上。”

刚开始，大家都只砍幼小的树木。

随着砍柴的人越来越多，大的树木也未能逃过此劫。

峰林脚下的村民们来了。

方圆二十公里的村民们也来了。

他们扛着锯子、拎着斧头，在短短的两三年间，便将近万座山峰上茂盛的树林砍了个精光。“有些人家砍去当柴烧，有的人家砍去盖房子，有的人家砍去当木材出售。”

村民们回忆，那时候，万峰林脚下的村庄，原来除了有一条长年流淌不断的纳灰河外，因植被良好，山上还有几股常年涓涓细流的清泉。

“从峰林丛中流下的那几股清泉，喝在嘴里有回甜的感觉。那时候，我们上山干农活，通常不用从家里带水去，渴了就跑到小溪喝个够。身上流汗了，就钻到树林中，脱掉衣服，在石头下面冲个澡。”

未曾料想，山上树木被砍光后，泉水渐趋减弱，有的甚至完全枯竭。每到雨季，有些泉水偶尔“腼腆”现一下身后，又变得无影无踪了。

就这样，峰林丛中的野生动物，随着枪声的不断增多，以及年复一年的饥荒，已慢慢从人们眼中消失；峰林丛中茂密的树林，随着人们连连砍伐，让隐藏于树林深处达数千年之久的大石头，也渐渐裸露出来；峰林中那些清澈见底的泉水，随着人们对环境的破坏，已最终消失得踪迹杳无。

## 开荒的犁铧

在南方的喀斯特地区，每遇干旱，人们“滴水贵如油”这句话并不陌生。而对于万峰林脚下的村庄来说，“寸土如命”则成了村民的另一个生活哲学。

实行家庭联产承包责任制后，这里的村庄和其他村庄一样，村民们的承包土地基本固定了下来。但随着人口的不断增多，“人多地少”便成了这里的人们的真实写照。

峰林脚下的村庄，承包地向来很少。

从鱼龙村到下落水洞村（今天的万福村），除了沿着纳灰河两岸的田地，能够维持收成或增收外，其他区域的土地，几乎靠的是“望天水”。雨水充沛的年代，可以稳定收成，如果遇到干旱，要么减半收，要么颗粒无收。用当地村民的话说，吃饭不能靠这些“望天水”土地。

“那个年代，没有其他门路发展经济，唯一的出路就是靠种地。”闲时，村民们无论是串门摆龙门阵，还是赶场聚在一起聊天，大家的谈话主题，更多的是庄稼收成如何，这一年会不会再饿饭。

一些村民由于在土地承包到户后，又增加了人口。加之那时候缺油少盐，田地产量不高，村民们的饭量和现在相比，人均饭量是现在的三倍以上，一些壮劳力甚至是现在的四倍以上。

“那时候，想吃猪肉盼过年。平常吃得上猪油的人家少之又少，平常都是蔬菜蘸辣椒水，饭后两三个小时又饿了。特别是农活季节，一天吃上四五顿，晚上还得吃夜宵，否则，肚子一直咕咕叫，饿得清口水直冒，这也是我们一年收成，不够半年吃的原因。”村民们回忆。

村里有户人家有八口人，他家只有三个半人的土地，每年能收五百斤大米、八百斤玉米。每顿饭，需一背篓蔬菜，一斤辣椒面，四斤粮食才够吃。如此推算，该户人家一年种的粮食不够半年吃，大多数都是靠一半菜一半粮，才能勉强度过一年。

要吃饱饭，就得想办法收获更多的粮食。

若想收成更多的粮食，就得千方百计拥有更多的土地。

于是，这些村民便把开荒的希望，放到了峰林丛中。“1983 年冬季，峰林丛中开始出现村民开荒的身影。”

自从峰林丛中的树木被砍光后，峰顶上的部分泥土，伴随着雨水的冲刷，不断地向峰林脚下“搬家”。

少部分村民走在开荒种粮的前列。

之后，村里不少村民也跟着纷纷效仿。一些人家甚至全家出动，掀起了开荒种粮的高潮。“他们用大锤将有些许泥土的石旮旯大石头，打碎整理平整后，又跑到山下自家的地里，用背篓背泥土上去‘造地’。”一时间，整个峰林丛中，到处是开山炸石的声响，到处是背土“造地”的身影。

“在山上‘造地’其实也挺不容易，七八个人忙了一天，最多也就能造五个平方米的面积。”

然而，一些村民并不满足于在一个地方开山造地。他们将家里人进行再分工，每人抢占一个缺口进行炸石造地。

争夺地盘，必然引发矛盾纠纷。

峰林丛中再也无法平静。吵架声不断，叫骂声不休，张老三说李老二占他家的地盘，李老二说王老五“多吃多占”。

“那时候，哪家人口多，哪家‘造地’必占优势。”村民们回忆说。一些人家除了将自己已嫁出去的姑娘喊回来帮忙外，甚至还动用了自己的七大姑八大爷。

村民不再像以前那样和谐了。

他们先是相互争吵争夺地盘，你丢石头到我开的荒地，我丢石头到你开的荒地。随着事态的升级，最后甚至发展到相互打架。

“有两户人家的子女都多，先是两家大人与大人吵架，什么祖宗八代都被他们相互骂完了后，大人与大人相互打，娃娃与娃娃相互打，乱成了一锅粥。”

过往的历史现场，如今依旧记忆犹新。

为了缓解当时的局面，各村村干部不得不站出来调和。“当时，各村村干部开会作出决定，各村村民只能在本村范围内荒坡上开荒，不能到其他村去开荒，若发现有村民到其他村开荒的情况，发现一起将严肃处理一起。”

“各村治理开荒的‘村规民约’出台后，一些已到外村开荒的村民觉得丢了已得到的地盘不划算，天天纠缠村干部不放，要村干部给他们一个合理的说法。”

村民们回忆说，面对村民们的纠缠不断，各村村干部们再次商议，决定采取互调的方式——把其他村的村民在本村开荒的面积，对调本村村民在其他村开荒的面积，方才解决好这个难题。

“村规民约”的出台、造地的互调，原以为“大事化小、小事化了”的村干部们，又被村民们新的纷争，纠缠得不可开交。

“岑老大说他家的人口多，土地少，应该多给他家荒山开荒才行，王老二说是那块荒山紧挨他家的承包地，应该是他家开荒才对。”

你争我夺的画面，又在各村上演。

面对新矛盾新问题，各村村干部并未妥协。

他们经过打听，了解到兴仁、安龙等地一些村庄，采取的办法是只能在自家承包地附近开荒，没有承包地挨着荒山的，只能到远离别人的承包地开荒。“当时的村干部们觉得，兴仁和安龙的方式还行，于是就借鉴了过来。”

1984 年 3 月 12 日，峰林脚下的上纳灰村、下纳灰村、落水洞村、双生村、鱼龙村等村分别召开村民大会，听取大家对开荒地段一事进行的民主讨论。

“有村民提出，把全村的土地收回，重新按人口进行分配；有的提出人口多的人家多开荒地，人口少的人家少开荒地或不开荒地；有的提出把所有的荒地，按现有人口进行平均分配……”

在听取村民们的意见建议过程中，村干部们将兴仁和安龙等地村庄实施的办法告诉大家时，仅得到少部分村民赞同。

而此时，其他几个村也和上纳灰村一样，村民们不同意借鉴兴仁、安龙等地村庄的实施办法，整个村民大会最终在一阵喧闹中而散会。

峰林丛中再次恢复昔日的“争夺战”。

就在村干部们一头雾水之际，兴义县相关领导告诉他们：“要处理好争夺开荒的问题，首先要吃透国家的相关政策，再结合本村实际，用政策来进行约束才行。”

在那个年代，对于超生家庭来说，最怕两件事：一件是怕种的粮食不够吃、娃娃们挨饿，第二件是怕遇抓计划生育的工作队。

于是，村干部们决定借鉴计划生育政策，来限制开荒的面积。“村干部们把全村剩余部分荒山，实行按照户头平均分配制。同时，对于计划生育超生的，触犯国家相关法律法规的，无论是哪种情况，都只能分配到平均面积的一半，剩下的荒山面积交由村集体。”

“那时候，多数人家都是超生的。一听说计划生育政策，大家额头上都直冒冷汗。”

村民们回忆，村里召开村民大会那天，当村干部们把实施新的“村规民约”宣布后，人声鼎沸的会场霎时鸦雀无声。在村民们的沉默声中，村里顺利通过了新的“村规民约”。

“土地是人们的‘命根子’。多一分土地，就多一份收成，多一份收成，就多一分发展。没想到，新的‘村规民约’实施后，不仅有效处理好了开荒‘争夺战’，还有力地推行了计划生育政策，就连昔日村里那些动不动就要动手打架的村民们也收敛了不少，真可谓一举多得。”

争吵不休、斗殴不断的峰林丛中，伴随着新的“村规民约”的有效推进，渐渐平静了下来。然而，那些原本峰峦叠嶂的峰林，渐渐变得千疮百孔，失去了昔日的多姿多彩和雄伟壮观。

## 违建房的灰色羽翼

在那个年代，万峰林脚下的村庄除了掀起开荒潮，违章建筑也成为当时一个十分突出的问题。

人口的增多是违章建筑遍地开花的原因。当地的村民们说：“在农村，一户人家有两个儿子，除一个儿子与父母同住老房子外，另一个儿子必须得修一幢新房子，‘一子一房’是祖祖辈辈流传下来的。”

而在万峰林脚下的这些村庄里，有两三个儿子的人家比比皆是。因此，大多数人家都得另建两幢以上的新房。就这样，对于这些田地少、人口多的人家来说，随着子女长大成家立户，迎接他们的是田地的二次分配和减少。

从 1990 年以来，万峰林脚下的村庄，违章建筑逐渐增多。

村民法律意识淡薄，也是违章建筑遍地开花的原因。“那时候，大多数村民对建房政策了解不够甚至一无所知，认为在自家承包田地里建房天经地义。”村民回忆。

有些人家为了节约用地，就在已办理相关手续的老房子处搭建附属房，有的则是拆掉老房子，将房屋占地面积扩宽、楼层升高，以此满足家庭住房需要。

“有的人家因为子女过多，且多数子女都是在土地下放后出生，以至于连修房子的地基都没有。”村民们回忆说。为了子女们长大有地基建房子，作为父母的他们在没有办法的情况下，开启了向峰林要地基的新征程。

村民们回忆说：“在山上挖地基很不容易，一百平方米的地基，在不计人工成本的情况下，仅炸药等成本就得花一千多块钱。有的人家找不到人帮忙，炸一个地基得花一年多的时间。”

“在山上建房也是没有办法的事情，不仅建房成本高，还得重新修路、拉水、拉电。在山上建一幢房子，相当于在平地里建两幢。”

谈到那时候的违章建筑，上下纳灰村的村民们都说：“当时，大部分村民对于别人的违章搭建，都是采取‘事不关己、高高挂起’的态度，不仅很少有人向有关部门举报，而且在有关部门查处非法搭建时，在一旁看热闹的多，支持执法的少，甚至有些人鼓动当事人对抗执法。”

景区效应更是违章建筑遍地开花的重要原因。

万峰林西峰林脚下的双生村、纳录村、鱼龙村、上纳灰村、下纳灰村、落水洞等村一村接着一村，紧紧将西峰林抱在怀中。2001 年 11 月 24 日，万峰林景区开发正式启动，景区入口处正建在西峰林脚下的上纳灰村村口。

2002 年 8 月，万峰林景区被评为国家级风景名胜区后，兴义市委、市政府开始对万峰林景区的基础设施进行建设，首先进行改造的是，硬化了兴义市至纳录村、鱼龙村、双生村、上纳灰村、下纳灰村、落水洞村等村的通村公路。一条仅有 4 米多宽的水泥路，犹如一条腰带，将这些村庄与万峰林景区紧紧连在一起。

从那时起，越来越多到马岭河峡谷景区旅游的外地客人们，得知万峰林这个新景区后，纷纷沿着西峰林脚下的这条水泥路，一睹这个隐藏在深闺中的少女。

“看到穿村而过的水泥路上，经常有前来旅游的车辆经过后，村里有发展眼光的村民，便将在水泥路旁边自家田地里修建房屋一事提上了议事日程。在不通过正规审批建房的情况下，就大兴土木，搞起了违章建筑。”村民们回忆说。

有些人家是拆除老房子后，又在水泥路旁边建新房子。有的人家则是不拆老房子，又在水泥路边建有新房子。

“有的村民将房屋修到路边后，都留有一个或两个门面。先是在门口摆个小摊子，经营凉水、茶水和香烟等。见到越来越多的人找不到餐馆后，这些人家利用门面经营起小吃店。”

发现村里的不少村民在街边开启小吃店等生意后，一些离水泥路较远的人家，便千方百计想搬到水泥路边来。

于是，村子里沿水泥路旁边的田地价，一夜之间成倍增长，租地建房、买地建房、合伙建房等多种形式的建房模式，不断在这些村庄上演。

“有的人家住房比较宽敞，但看到别人违章搭建非但没有被查处，还有可观的出租收入，于是就自觉不自觉地加入了违章搭建的行列。”

“这些建筑的结构既有砖木结构，也有石棉瓦和羊毛毯搭建的简易房。既有用作卖水、卖小吃、卖烟酒的，也有用作仓库和住房的。由于盲建乱建，有的违章建筑侵占了田园地块、堵塞了消防通道，有的还占压了地下管线。”村民们回忆。

当时，这些建筑不仅严重影响了村级道路，还给群众的生命财产安全带来很大隐患。一旦发生火灾，后果不堪设想。有的违章建筑，私自高价出租给外来流动人口，成了部分违法犯罪分子的藏身地。

每到夏季，上下纳灰村经常发生洪涝灾害。

村里那些违章加层的楼房，正严重影响着村民们的生命安全。“有一天晚上下暴雨，有一户人家还未修完工的房屋因为头重脚轻，在暴雨的浇灌下倒塌了。幸好当时房子没修完，晚上没人在房子里住。否则，后果将不堪设想。”

“就在那一天，修在水泥路旁边的还有一户人家用石棉瓦搭建的简易棚子，由于钉子钉得较少，石棉瓦被暴风雨无情地吹开了，一家老小被大雨淋得似落汤鸡似的。”

尽管存在着各种安全隐患，但在利益的驱动下，水泥路两边的田间地块里，各式各样的房屋仍在陆续增多。一时间，村民们邻里间利益冲突时常发生。“三天两头都有人在为占边界、争经营的事情争吵不休，村里昔日的邻里和睦气氛再次被打破。”

一个刚刚诞生不久的国家级风景名胜区脚下的村庄，就这样在各式各样违章建筑的掩映下，变得是那么的蓬头垢面，犹如一幅被染了墨汁的油画。

## 农家乐勃兴

“发展才是硬道理。”

“改革开放胆子要大一些，看准了就大胆地试，大胆地闯。”

“不管白猫黑猫，会捉老鼠就是好猫。”

……

生长在万峰林丛中的村民们，改革总设计师邓小平同志早年说过的这些经典之语，早已烙在了他们的脑海里。

勤劳朴实的纳灰人民，他们不像房前屋后刨食的鸡，而是有着雄鹰展翅、大雁远飞的雄心。在通过向峰林要地、苦苦挣扎了数十载后，不再为没衣穿、无房住、吃饱饭发愁，而是为穿好衣、住好房、吃好饭而犯愁。

这个“愁”，自始至终都得依靠这数万座峰林。因为人们的发展，得紧紧依赖于前来万峰林的游客。准确的说，万峰林与峰林脚下的人们，属于一根绳子上的蚂蚱，谁也离不开谁。

常言道：“是金子总是会发光的。”

万峰林这位隐藏在深闺中数千年的美少女，虽然全身上下很“受伤”，但从远处看，它依然外貌秀丽，举止端庄。在获得国家级风景名胜区的身份后，这团金子慢慢散发的光芒，深深地吸引着来自全国各地的游客。

“那些年，到万峰林来旅游的游客多数都是从云南方向过来的团队游客。他们到达万峰林后，正赶上吃饭时间，但是，由于没有餐厅，游客们只能靠干粮充饥。忍着饥饿游完万峰林后，再赶到城里找吃的。”

风光再美，饥饿中的游客，也只能走马观花。

2002 年国庆节期间，一个从广西壮族自治区过来的 200 多人的旅游团队，因为导游对接协调不到位，以及兴义城区大小宾馆饭店爆满的原因，游客们到达万峰林景区后，饥饿难忍的他们，用了不到半个小时，草草看了下整个万峰林风光后，便携妻带子，纷纷来到附近村民家中，高价买食物。

“一碗鸡蛋面条，他们出价十块钱；一碗凉剪粉，他们出价五块钱；一碗蛋炒饭，他们出价十五块钱。”村民们回忆说。他们也不想收这些游客的高价，但游客们非要硬塞给他们，并表示能给他们做吃的，就已经很感谢了！

吃饱饭后，在经过与村民们的攀谈，游客们才知万峰林的“独一无二”。原来，他们在观看峰林景色的半个小时里，饥饿的难忍，使他们提不起神聆听导游的解说。

于是，放下碗的游客们，在和导游进行协商后，再次走近峰林中，重睹这位正在走出深闺的美少女之芳容。

那天中午，这个旅游团队给上纳灰村村民们带来了 2000 多元钱的收入。这个重磅消息，很快在峰林深处传开了。

从此，作为万峰林景区主阵地的上纳灰村、下纳灰村、双生村、鱼龙村等村，村民们一夜之间似乎看到了发展的希望。

伴随着游客们各种消费需求，以经营烟、酒、茶、水的村民们，经营理念逐步发生巨大改变。

2002 年 10 月 20 日，张家开始扩建房屋，准备开餐馆。

2002 年 10 月 21 日，王家开始扩建房屋，准备开餐馆。

2002 年 10 月 22 日，冯家开始扩建房屋，准备开餐馆。

……

以上纳灰村、下纳灰村、双生村等村为主的峰林脚下的村庄，近二十户人家开始扩建、搭建房屋，村庄里一时间四处尘土飞扬，噪音不断。

万峰林昔日的宁静再次被打破。

开餐馆需要不少本钱。为了种好自家的“摇钱树”，村民们真可谓花了血本，把家里值钱的物什全部卖掉，换成现金修建房屋，为开餐馆作准备。

那时候，有的村民一头价值800元钱的黄牛，500元钱就出手；一头价值500元钱的肥猪，300元钱就出手。不少人家因为没有畜禽可卖，直接到农村信用社贷起了款。

在村民们几个月不懈的努力下，一个个打着各种招牌的餐馆纷纷在上纳灰村、下纳灰村、双生村、鱼龙村涌现出来。

至此，万峰林景区正式告别没有餐馆的历史。

到万峰林旅游的游客们不会再挨饿了。伴随着餐馆的不断增多，至2002年初，这些村庄的餐馆，每天能同时满足1000人用餐，一种供大于求的现状逐渐凸现。

“区位好的餐馆，生意自然好得多。一些偏僻的餐馆，节假日期间生意还不错，非节假日就很少有生意。久而久之，一些餐馆被迫停业。”那时候，每到周末，附近的云南省曲靖地区、广西百色地区和兴义城里的不少上班族，也会到万峰林徒步、骑自行车等。但他们玩饿了后，都不在这些餐馆就餐，要么在路边的小吃店吃些小吃，要么自带干粮，完了便回到城里吃饭。

对于餐馆生意的不景气，曾开过餐馆的村民说，当时大家没有考虑到万峰林景区营业不久、游客增多需要一个过程的问题。他们在看到一些表象后，便一哄而上，这是导致“供大于求”的真正原因。

也有不少餐馆老板认为，供大于求只是一方面的原因。

另一方面，还存在产品同质化，餐馆多数规模较小，服务项目大同小异、千篇一律，缺乏参与性高、体验性强、乡土特色浓的活动项目。

这些餐馆和城里的几乎没有区别。从餐馆的硬件上看，又没有城里的好，而菜品的种类又没有城里的丰富，没有农村特色，收费又贵，是生意冷清的重要原因。

见多识广的村民们，在充分认识到存在的问题和困难后，他们纷纷走出家门，前往邻省云南、广西和四川、重庆等地考察调研。

他们发现，这些省份的同等旅游景区和乡村旅游景点，餐馆虽然多，但生意异常火爆。不同的是，这些餐馆挂的牌子是“某某农家乐”，菜品全是农村种的蔬菜，没有城里餐馆的那些“高大上”菜品，收费也很低。

那次考察，村民们大开了眼界。

他们开始醒悟过来：“农家乐是新兴的旅游休闲形式，是农民向城市现代人提供的一种回归自然从而获得身心放松、愉悦精神的休闲旅游方式。一般来说，农家乐的业主利用当地的农产品进行加工，满足客人的需要，成本较低，因此消费就不高。而且，农家乐周围一般都是美丽的自然或田园风光，空气清新，环境放松，可以舒缓现代的精神压力，因此受到很多城市人群的喜爱。”

村民们再次看到了发展的希望。

张家餐馆招牌拆了，换成了张记农家乐。

王家餐馆招牌变了，变成了光辉农家乐。

冯家餐馆招牌改了，改成了大榕树农庄。

……

村民们将餐馆的招牌换了，经营思路也改变了。

菜品，他们告别了昔日餐馆里的大鱼大肉，以农家菜为主；娱乐，他们增添了些许麻将机、象棋等；体育设施，他们增添了不少自行车、哑铃；包房，他们不再追求城里餐馆的“高大上”，而是突出地方民族风情特色进行布置，把包房设在院子里、榕树下；服务，他们一改以往那种冷冰冰的态度，热心帮助客人，热情接待客人；收费，他们减少了那些高昂的菜品成本，从而降低了收费标准。

这些一系列的改变，使峰林丛中的餐馆华丽转身，成为大众消费的休闲饮食天地。它的转变，深深吸引着来这里游玩的游客，就连昔日游完回家吃饭的城里人，也纷纷留了下来。

随着游客的不断增多，随着城里人不断的留下来，在利益的驱使下，万峰林脚下的上纳灰村、下纳灰村、双生村、纳录村、鱼龙村等村农家乐如雨后春笋般涌现出来。

谈到万峰林脚下村庄兴办农家乐的事，生于1968年的上纳灰村村民岑志兴记忆犹新。在上纳灰村里，在家排行老五的岑志兴算得上是位聪明伶俐之人。

然而，由于家庭的贫困和父母亲劳累落下的病根，成绩优秀的岑志兴，为了给父母亲分忧，1985年7月初中毕业后，便果断放弃了深造学业的机会，决心挣钱解决家里的燃眉之急。

那时候，离家仅有10公里之遥的兴义城区，正在大兴城市基础设施建设。岑志兴经过考察后发现，这里好些工地因为运输材料的车子少，导致好些工地工期不得不延长完工。

对于岑志兴来说，这一发现对他十分重要，也让他对挣钱改变家庭状况充满了信心。就在此时，他从同学处得到消息，黔西南州将在同年10月举办首届驾驶员培训班，学习时间为10个月。

对于这样重要的机会，岑志兴更不会放过。

他根据培训学校的要求，及时到培训学校报了名，参与了黔西南州首届农机驾驶员培训。“那时候，兴义城区的施工车辆都是拖拉机，很少有其它大型货车。为了满足市场需求，农机校便举办起黔西南州首届农机驾驶培训班，并培训了100名学员。”

岑志兴说，他从培训学校毕业后，便到农村信用社贷款8000元购进了一辆二手拖拉机，加入到兴义城区工地运输队伍中。

通过七八年的艰辛努力，岑志兴一家的经济条件不断得到改善。而此时，捞了第一桶金的岑志兴，在得知相关部门要大力开发万峰林景区后，他扭转了发展方向，把发展的眼光瞄向了客车行业——申办了兴义至万峰林客运班线。

2000年，岑志兴购进了一辆18座的客车。

他从运输建材，正式转向了运输旅客。

勤劳务实、敢闯敢干的岑志兴，不仅成为上纳灰村村民们学习的典范，更是整个西峰林片区带动一方发展的楷模。

他因此而声名鹊起。

伴随着万峰林景区开发的热潮，黔西南州委、州政府，兴义市委、市政府的领导们纷纷来到万峰林景区入口的上纳灰村，深入了解村民们发展情况。

“那时候，虽然双生村、纳录村、上纳灰村和下纳灰村有不少从餐馆转变过来的农家乐，但在特色和服务上都参差不齐，原因在于他们大都不识文化，没有太多的阅历，所以发展都很缓慢。”

岑志兴说，时任黔西南州委书记许正维，州委常委、兴义市委书记黄定承，对整个万峰林脚下村庄的农家乐进行调研后，决定发展一批带动力强的农家乐。

当时，岑志兴的客车生意也蛮不错的，兴义市委相关领导找到他，让他放弃客运，着力打造一家样板式的农家乐。

对于发展农家乐，岑志兴的妻子极力反对，认为赚不了几个钱。但岑志兴想了想，客运虽然能挣不少钱，但是带动村民发展的力度很小，只是给大家带来方便罢了。

“既然领导们这么关心，希望我打造一家样板的农家乐，目的是让那些小、散、弱的农家乐跟着一起发展，这样不仅自己能挣钱，还能带动大家一起发展。”岑志兴说。

在黔西南州、兴义市相关领导的再三引导下，岑志兴放弃了跑客运，按照当时兴义市有关部门的高标准规划，将自家的瓦房进行了全面改造。

看到充满智慧、带动力强的岑志兴兴办起农家乐，时任黔西南州委书记许正维来了，黔西南州委常委、兴义市委书记黄定承和市长夏开益也来了。

他们带领相关部门负责人，来到岑志兴家召开座谈会，共同谋划万峰林脚下的村庄，以岑志兴为首的16家农家乐的发展蓝图。

在兴义市相关部门的安排下，岑志兴改造了近半年的农家乐，终于在2003年9月28日这天开业了！

时任黔西南州委书记许正维，亲自为岑志兴开办的农家乐起名——万峰第一家。时任黔西南州委常委、兴义市委书记黄定承提笔为岑志兴开办的农家乐书写匾牌。

在隆隆的鞭炮声中，万峰林脚下的村庄又增添了16家农家乐。农家乐名符其实地成为峰林脚下村庄的人们发家致富的一条产业链。

## 并不美丽的炊烟

无论在任何景区，少许的袅袅炊烟，往往会给优美的景观形成一道靓丽的风景线。然而在万峰林的秋季和冬季，这些袅袅炊烟，却抹杀了万峰林雄伟壮观、多姿多彩的景色。

大概是缘于成本的核算，生长在峰林脚下的人们长期形成了一种节约的生活习惯。他们在做饭时很少使用电器，更不会使用煤炭。

每到秋收季节，他们便将玉米秆、麦秆等背回家中，放置在房前屋后，待晒干后作为做饭的燃料。大多数村民还利用农闲时节，一家老小倾巢出动，前往峰林丛中，砍柴、刨树疙蔸等背回家放在院子里。风干后的树疙蔸，被他们用于冬天取暖。晒干后的柴火，则用于生火烧饭。

开办农家乐的村民们，也难于一时改变传统做饭的方式。在他们看来，用柴、秸秆等作为燃料烧的饭和做的菜，味道鲜美，和用煤炭作为燃料，做的饭菜味道有很大的区别。尤其是用电，味道更不能与其相提并论。

除了用秸秆或柴烧饭做菜的味道鲜美，用万峰林丛中的柴草熏出来的腊肉味道更特别。“上纳灰和下纳灰熏腊肉是出了名的，每年年关，好些城里人便慕名前来我们村买腊肉，都说我们这里的腊肉和城里的味道不一样。其原因在于，一方面，我们养的猪都是用熟食喂养的，没有掺杂饲料；另一方面，我们熏腊肉过程中，从未断过火烟。”村民们如是说。

久而久之，上纳灰村、下纳灰村等村村民便将熏腊肉也作为一条发展之路。每年年初，他们都会和城里有需求的市民达成协议，由村民们统一把猪喂养大后，年底由市民们约伴前来宰杀，再按市民们的需求熏腊肉、熏香肠。

据说，那时候，有些人家一年要养十来头猪，方才满足客户们的需求。以致于一年四季都在熏腊肉、熏香肠。

而有的城里人生长在农村，在老家宰完年猪后，认为老家熏的腊肉、熏的香肠味道没有上纳灰村、下纳灰村等村民熏的味道，便将猪肉带到这些村来，花钱请这些村民帮助熏。

烧饭做菜在烧柴烧秸秆，熏腊肉、熏香肠也在烧柴烧秸秆。每天早上，特别是秋冬时节，峰林脚下的上纳灰村、下纳灰村、双生村、纳录村、鱼龙村等村庄上空，到处烟雾袅绕，好似北方的雾霾天气，将整个西峰林团团围住。

在这些村庄里，村民们还有一个习惯。那就是每到秋收季节，他们会将稻田里的稻草和地里的一些杂草，成堆放在一起焚烧，这是他们给田地施肥的一种方式。

那时候，每年秋季，尤其是阴天，这里焚烧稻草和杂草的人家一家接着一家。村民们认为，下雨天烧稻草和杂草最为安全，不易引发火灾事故。

但他们没想到的是，烧稻草和杂草产生那浓浓的黑烟弥漫至空中后，夹杂着村民们做饭时的缕缕炊烟，污染是多么的可怕，整个万峰林上空清新的空气都跟着变了味。

最严重的，要算每年的国庆节期间了。

那个时期，前往万峰林旅游的游客往往都会成倍增长，那些农家乐家家户户一天到黑加大火力烧饭做菜，一股股的青烟陆续飘在万峰林上空。如果遇到阴天，加上空中风力较小，那些青烟就在峰顶打转，久久不肯离去。

2002 年 9 月 7 日中午，天气阴沉。

几位重庆游客来到万峰林后，被万峰林凉爽的气候和清新的空气给陶醉了。当天下午，吃完中午饭后，他们决定沿着峰林观光大道徒步旅行，既可以拍拍照，也可以观赏整个峰林风光。

当几位重庆游客即将走完观光大道时，正值峰林脚下村民们烧晚饭的时刻。整个万峰林上空，突然炊烟袅绕。

没多久，雄伟壮观的万峰林就没了身影，连步行的观光大道霎时也变得模糊不清，离村庄一公里的路程，他们在跌跌撞撞中最后走了将近一个小时。

浓烟严重的时候，行走在万峰林中的游客很难看到万峰林的美丽景色，有时连走路、呼吸空气都很困难。每当此时，就连通往村里的景区道路上，也经常发生人撞车、车碰人、车擦车的事件。

## 污水乱象

违章建筑的随处可见，前来旅游的游客也在不断增长，农家乐逐渐勃兴。很快，生活污水乱排现象，就成为万峰林脚下上纳灰村、下纳灰村、双生村、纳录村、鱼龙村等村的一个“痛点”。

那时候，无论是在峰林脚下的哪一个村庄，是新建的农家乐也好，还是修建的景区公路也罢，都没有设置污水处理管网。以至于村民们洗脸水、刷碗水、洗衣水、洗脚水等生活用水没处倒，只能往自家门前的路边乱泼乱倒。致使门前污水横流，泥泞不堪。

那些生意兴隆的农家饭庄，处理污水问题更是一道难题。“这些人家，先是往家门口的小水沟里倒，看沟里流不动了，就往自家的厕所里倒。每当厕所的粪水溢出来后，这些人家就会请人挑到自家的农田里，倒在田中。”村民回忆。

因为没有污水管网，村民们的污水、废水无处排，于是，村民们形象地编起了“污水靠蒸发，炊烟靠风刮”的民间段子。

农家乐的主人因此而挠抓头皮。

他们想出一些馊主意。在自家院子里，打一口十几米深的渗水井，把生活污水直接排到地下，房前屋后干净了，可地下水遭到了严重污染；住在纳灰河两岸的人家，直接将污水排到河里。

把污水泼在房前屋后也好，排往河里、倒在渗井里也罢，最后被污染的也是地下水。据说，上纳灰村、下纳灰村等多个村庄饮用多年的水井，伴随着这些污水的排放，到 2002 年底，一些村庄的水井就开始有了腥味，有的水垢特别大，水质大幅度下降。

在这些村子里上了年纪的村民们，亲身经历了村里的发展历程，感受到了生活越来越好的同时，也感受到了污水排放带来的切肤之痛。

彼时，村里没有农家乐，没有那么多游客到村里来消费，村民们用的生活污水，基本上被牛等牲畜给喝完了，整个村子里很少见到污水。

随着越来越多的游客的到来，村民们的牛全都卖了，牛圈改成了包房，他们把发展的重心都放在经营农家乐上，生活污水也就自然多了起来。

摆在村民们面前不可否认的事实是：村里的井水污染严重时就连絮状的悬浮物都能看见，不能直接饮用了，就连烧开了都不放心。尽管村里的生活污水浓度低，基本不含有重金属和有毒有害物质，但不排除随着游客们的增多，部分生活污水中，会含有重金属和有毒有害物质的可能性。

然而，对于上纳灰村、下纳灰村、双生村、纳录村、鱼龙村等村而言，他们自己在给自己地下水造成污染的同时，一部分污染源还来自于纳灰河上游。

纳灰河全长 19.8 公里，其第一水源来自高卡龙潭，河水量较小，容易干涸。第二水源起于八环地坡下头抬坡龙潭，这里水流量较大，长年不断，属于地下阴河。

而第二水源流经下补路，与刘家桥龙滩水流汇合后，再与第一水源聚集，形成了纳灰河。纳灰河涉及两个办事处 8 个行政村 3 万余人，其河流流经西峰林脚下的天生桥、鄢家坝、阳光盆景园、平桥、鱼龙、纳录、乐立、双生、上纳灰、下纳灰、落水洞等村。

由于水资源丰富，纳灰河上游的人们有着种植芭蕉芋的习惯。不知从何时起，在纳灰河上游的第一水源处，这里兴起了许多芭蕉芋加工厂。

每到芭蕉芋收成季节，这里的加工厂便开始忙碌起来，一股接着一股的淀粉废水，直接排到纳灰河里。

据说，当时的环保部门曾多次进行过治理。

但芭蕉芋加工厂却与执法人员玩起了“捉迷藏”。执法人员赶去时，他们加工过程中，将污水蓄在一个大池里。待执法人员走后，他们又将污水排到纳灰河里。

纳灰河越来越脏。

每到枯水季节，纳灰河面上飘满了污染物。一阵风吹过，臭味随风而至。夏季，行走在峰林脚下的这些村庄里，远远就能闻到淤积地带的恶臭味。游客路过时，都会捂着鼻子。而村民们则甚至不敢推开窗户。

据不完全统计，那时候，每天有将近 12 吨水渗入万峰林地下。污水的乱排乱放不仅给村民们的生活环境带来了极大的影响，给到这里旅游的游客们带来了不好的印象，更是大大地影响了万峰林这位美少女的美貌。

## 悲伤的纳灰河

垃圾乱倾，是万峰林生态环境的另一“杀手”。

谈到纳灰河那些年的污染问题，时任鱼龙村党支部书记的岑启林，至今仍心有余悸。他说，那时候没有垃圾池，没有专人管理，生活在纳灰河两岸的3万多村民的生活垃圾，都是往河边上倒。

尽管相关部门投入了大量的财力来清理，但仍未能从根本上解决污染问题。后来，相关部门也认识到垃圾污染的严重性，组织相关人员在各村建起了垃圾池，在各家各户门口建起了垃圾桶。

但是，又因后续管理资金跟不上，一段时间后，垃圾淹没了垃圾桶，垃圾覆盖了垃圾池，引来苍蝇漫天飞舞。

无奈，纳灰河继续承载了村民的垃圾。

村民说，几十年前，纳灰河还没受到污染的时候，河水清澈见底，祖祖辈辈都靠这条河的水生活。好些城里人每到周末，都会来河里洗个澡，喝上两口凉水，钓上几条鱼，高兴而来，满意而归。河水被污染后，河的鱼死光了，也没有人到河边玩，大家都怕闻到那刺鼻的臭味。

纳灰河上垃圾最为集中的地段，要数双生村、上纳灰村、下纳灰村和桥下了。这些桥梁，都是村民们每天出入的必经之路。桥两边，有着各种古树，本是一道道独特而优美的风景，但被村民们乱扔乱丢的各种垃圾“侵占”后，美景变成了丑景，让人不敢近距离靠近。

枯水季节，桥下的垃圾，高峰时达十吨左右，像一座五颜六色的小山。纳灰河畔的人们，开始期盼一个星期有一场大暴雨的来临。堆积如山的垃圾，才会被洪水全部卷走，进入下游的地下溶洞。

美丽的万峰林，由此而陷入困惑期。

## 大棚菜背后的隐忧

自从改革开放的春风，唤醒了沉睡数以千年的人们后，万峰林脚下的村民们，铆足了干劲，掀起了“发展才是硬道理”的高潮。

在上纳灰村、下纳灰村、纳录村、双生村等万峰林脚下的村庄道路两旁，除了那如同雨后春笋般涌现出来的小摊小贩，及层出不穷的农家乐外，映入眼帘的还有那一片片的大棚蔬菜。

“在过去的很多年里，村民们一直都是依靠几亩田地种植庄稼，那时候为的是能保证一家人的生活所需，压根儿就没想着仅有的土地能赚钱。”村民们说，那时候兴义市常住人口有 20 多万人，市民们吃的蔬菜均从广西、云南等地批发而来，由于运输成本等原因，与兄弟城市相比，上架后的蔬菜价格均是兄弟城市的一倍多。

“有一年云南、广西遇到水灾，兴义市又遇到旱灾，云南和广西发往兴义市的蔬菜大批量减半，虽然一些商家看到了商机，从湖南、湖北等地批发蔬菜销往兴义市，满足了市民消费需求，但是上架后的蔬菜价格让人吃惊，已经和当时的猪肉价格持平。”

2000 年后，随着兴义市城市人口的增加，万峰林脚下村庄农家乐的“异军突起”，村民们瞄准了这个不可多得的“菜篮子工程”，他们一家老小倾巢出动，下到田间地头，拔掉了“心爱”的玉米苗，在农技人员的指导下，架起大棚种植蔬菜、瓜果等。

那时候，由于大棚种植既能通过人为地控制棚内的小气候，能延长蔬菜生产时间，又能提高土地利用率，可实现用 24% 的土地面积，提供了 50% 的蔬菜产量和 60% 的产值，且蔬菜的长势好，可确保一年四季的供应。因此，无论是在京津冀大城市的郊区，还是在二、三线城市郊区，处处都有大棚的身影，大棚种植正当其时。

半年后，万峰林脚下村庄的大棚蔬菜和瓜果纷纷上市，大大满足了兴义城区市民餐桌的消费需求，和猪肉价格相媲美的蔬菜价格，得到了有效的平抑。

尝到甜头的村民们，开始从小打小闹的种植向大规模挺进，并以每年 10% 的速度不断增长。村民们为了追求高产，实现效益最大化，在大棚种植中，他们多采用高投入、高产出、集约化的栽培措施。

然而，在这一过程中，往往要过量施用化肥、农药及畜禽粪便等，由于大棚内土壤中重金属的积累，导致大棚土壤受到不同程度的污染。

另外，由于日光温室栽培下土壤长期处于封闭的环境，一方面，蔬菜在生长过程中需要频繁灌溉来满足水分要求，随着水分的下渗，会有部分重金属离子向下层土体移动；另一方面，由于温室内部的高温、高湿和高蒸发量，一部分重金属离子还会随水分的蒸发上升到地表。

日光温室特殊的水热条件和栽培管理措施，将会对重金属在土壤中的迁移累积、形态分布产生一定的影响。

随着万峰林脚下温室大棚蔬菜栽培年限的延长，土壤重金属不断积累，不仅严重影响棚内蔬菜作物生长发育，而且也给城里的人们带来了严重的蔬菜食品安全问题，威胁着市民们的身体健康。

尽管各大媒体多层次地对大棚蔬菜的危害进行过报道，但对于兴义山城的市民们来说，大概是缘于相信本地纯朴的缘故，万峰林脚下的大棚蔬菜，仍是占据着整个兴义城市的多半菜市场。

## 万峰林突围之虞

50 岁的张玉军，是万峰林兴衰史的重要见证者。

1990 年，这位来自福建省石狮市的商人，瞄准了兴义市这个建材市场欠开发、欠发达的处女地，携带一家老小到兴义市盘江路开起了建材门市。

“那时候，万峰林附近的村庄非常贫穷，基础设施建设落后。无论是周末还是节假日，村民们都选择步行或者乘拖拉机前往兴义市中心地段街心花园游玩。狭窄的街心花园人山人海，时常发生踩踏事件。而本是游玩最佳胜地的万峰林，却尚未激发人们的兴趣，变得异常的冷清。”

从 1998 年起，万峰林慢慢走进了兴义市民周末和节假日游玩的选择范围。到这里度过周末和节假日的市民越来越多。地处峰林脚下村庄的人们，将发展的眼光瞄准了前来游玩的市民身上。

沉寂数千年的村庄，开始迈开发展的步伐。

短短两年时间，上纳灰村、下纳灰村、纳录村、双生村、乐立村等村庄处处有农家饭庄的身影，到处发展有大棚蔬菜，养殖业方兴未艾，村村有拖拉机进进出出……

整个万峰林脚下的村庄，焕发着生机与活力。

2001 年，万峰林景区开发正式启动。

2002 年，全长 9.2 公里的万峰林四级沥青观光公路贯通后，万峰林不仅成为兴义市民茶余饭后散步的后花园，而且还渐渐成为周边兄弟市（州）节假日游玩的首选之地。

在村民们的大干特干下，万峰林开始沸腾。

2003 年，上纳灰村、下纳灰村、纳录村、双生村等万峰林脚下的村庄，开始发生了蜕变：

大棚蔬菜种植面积达 10440 亩、产量 19418 吨；

芭蕉芋种植 3000 亩、产量 6840 吨；

生猪存栏 39870 头，其中：能繁殖的母猪 3527 头，出栏肥猪 42214 头，猪肉产量 3990 吨；

年末大牲畜存栏 6932 头，马存栏 789 匹，驴、螺存栏 237 头，牛存栏 5906 头；

农家饭庄 24 家、年接待游客近 10 万人次；

各种路边商店 21 家、年销售商品 34 万元；

拥有拖拉机 11 台、累计实现年收入 20 万元以上……

万峰林脚下村庄的人们，腰包开始鼓起来了。

农民人均纯收入已从 1998 年的 300 元，提高到 2003 年的 1200 元，5 年时间翻了 4 倍，村民们生活水平得到了极大改善。

然而，万峰林脚下村庄的生态环境也在发生质的变化。房前屋后污水四溢，道路两旁和纳灰河里垃圾遍地都是，各类违章建筑遍地开花，纳灰河水变成臭水沟，油烟、炊烟萦绕，自来水开始变质，空气中时常弥漫着一阵阵恶臭味。

尤其是晴天，无论是村中还是道路边，处处可看到苍蝇飞舞的身影。

在村民们的眼里："那时候，无论是开办农家乐还是搞种植和养殖，门槛都比较低，经营管理大多由村民自己进行，有的人缺乏环保观念，不顾生态环境盲目开发，没有基本的环保设施。"

"特别是开办农家乐的村民，大多面对的是"前门生态、后门排污"的现状，有的则抱着"法不责众"的投机心理，认为事不关己，治理污染是政府的责任，缺少改变的意愿和行动。"村民们如是回忆道。

腰包越来越鼓的峰林脚下的人们，越来越多的身处两难境地。一边面对的是发展机遇越来越多，发展的干劲越来越足；一边面对的是生态环境日渐恶化，好些前来观光旅游的客人捂鼻而过、不愿停留。

经济发展关系人们的生活水平，环境状况决定人们的生存条件。发展和保护生态环境，正是万峰林脚下人们难以作出的正确抉择——加快发展步伐，生态环境将越来越恶化；保护好生态环境，又会阻碍大家快速发展的希望。

# 第三章　突破瓶颈的万峰林

生态系统的保护是经济发展的前提和基础，而良好的生态系统能够为发展经济打下坚实的基础，本身也带来直接的经济效益。

作为万峰林脚下的所有村庄，正当面对发展和保护生态环境的难题而犹豫徘徊之时，时任中共中央总书记、国家主席胡锦涛来到上纳灰村，给万峰林的发展指明了方向。

按照胡锦涛的指示精神，万峰林向带污染的地段宣战，向经济与生态环境协调发展进军，并在“贵州精神”的鼓舞下，开启了一条良性循环、可持续发展的绿色生态之路。

## 胡锦涛视察纳灰村

2004 年 4 月，万峰林乡村旅游通过国家旅游局验收，荣获国家首批“全国农业旅游示范点”称号，专家组在评定时给出了同批申报的西部十二省区的最高分。

3 个月后的 7 月 29 日，“魅力贵州”全国电视采访活动正式启动。云南电视台记者狄丹一行 3 人抵达兴义，负责拍摄《畅游兴义》栏目，对万峰林、马岭河峡谷、布依民族风情、布依“八音坐唱”等进行为期 5 天的拍摄。

万峰林首次登上了省外电视台屏幕。

2004年10月8日，中国《国家地理》杂志刊发贵州专辑中，由摄影家李贵云拍摄的万峰林纳灰坝子八卦田，以其独特的代表性出现在封面上，并在内页以三折页表现出万峰林磅礴的气势。这个贵州喀斯特地质地貌的典型代表之一，首次在国家级刊物上“亮相”。

随着万峰林在各级媒体的不断“现身”，这个隐藏在深闺中的少女，越来越引起各级各部门的高度重视。

也就是在2004年底，万峰林景区被国家旅游局全国工农业旅游示范点评定委员会评定为首批“旅游示范点”，万峰林同时亦被列入中国兴义国家地质公园核心区。

万峰林发生的一系列变化，紧紧地牵动着党中央和全国各族人民的心。

2005年2月8日这天早上，全国各地张灯结彩、炮声隆隆，各家各户都在忙着准备年夜饭，和家人团圆欢庆佳节。

惊喜突如其来。

正在贵州考察工作的时任中共中央总书记、国家主席、中央军委主席胡锦涛，在这天慕名来到纳灰村，看望基层各族干部群众和感受这里的变化。

胡锦涛在贵州工作期间，曾多次到黔西南州调查研究、指导工作，为推动少数民族地区发展倾注了心血。

那时，万峰林脚下的村庄，贫困面广、贫困程度深，基本处于一穷二白的境地。十多年过去了，这些村庄的经济社会发展情况怎么样？各族群众生活改善了没有？

胡锦涛一直牵挂于心。

2月8号上午9时20分，胡锦涛在中央政策研究室主任王沪宁（现任中共中央政治局常委、中央书记处书记）、时任中央财经领导小组办公室主任王春正、国家民政部部长李学举、中央办公厅副主任令计划和贵州省委书记钱运录、省长石秀诗，以及时任黔西南州委书记许正维、州长班程农的陪同下，乘车沿着崎岖山路来到纳灰村村头。

总书记的到来，让这个布依族村寨沸腾了。

村民们载歌载舞，吹起了长号和唢呐，舞起了长龙和彩狮，以布依族的传统仪式，热烈欢迎尊贵的客人。

胡锦涛和路旁欢迎的乡亲们亲切地一一握手，向乡亲们表示春节的慰问，高兴地给大家拜年。

“那天早上，大家只知道有领导前来视察，但没想到是中央的领导，而且还是总书记。”村民们说。

最让村民们感到吃惊的是，原来只是在电视上看到的总书记，竟在这个特殊的日子里，来到他们的身旁，并与他们一一握手，让他们感觉到无比的亲切和温暖，这是他们做梦都没想到的。

查兰明是上纳灰村最贫穷的人家之一。

胡锦涛一行走进上纳灰村后，首先来到布依族贫困农户查兰明家。当看到屋子十分简陋、窗子没有安装玻璃时，胡锦涛关切地对查兰明说：“先找块塑料布封上，这样屋里可以暖和些。”

接着，胡锦涛又走进厨房，揭锅盖，看炉灶，问查兰明家里有没有存煤，年货备了没有，过年的糍粑打了多少。

得知查兰明家打了六七十斤糍粑，胡锦涛稍许宽慰地点点头。

胡锦涛又问起查兰明的儿子的情况。

查兰明的儿子查方亮，在贵州师范大学上学。当得知查兰明家供儿子上学负担较重时，胡锦涛拿出慰问金交给查兰明，同时勉励查方亮：“不要辜负父母的期望，刻苦学习，努力成为社会需要的有用之材。”

随后，胡锦涛还把一台25英寸的彩电送给查兰明家。他对查兰明说：“希望你们尽快过上好日子！”离开查兰明家时，胡锦涛叮嘱当地干部：“要切实帮助困难乡亲开辟致富门路。”

随后，胡锦涛步行来到开办“万峰第一家”农家乐的村民岑志兴家。岑志兴的家人和邻居，正在和着号子打过年用的糍粑。

胡锦涛走过去对岑志兴等人说："我也试试。"

他拿起长长的粑粑棒，和着号子，同乡亲们一道打起糍粑。打完后，胡锦涛兴致勃勃地拿起一块热乎乎的糍粑品尝起来。

在岑志兴家小院里，胡锦涛和乡亲们围坐攀谈。上纳灰村近年来的致富路子，引起了胡锦涛的浓厚兴趣。

"村里的种养业都有什么？"胡锦涛问村支书。

"种水稻、蔬菜，养鸡、鸭、牛、猪。"

"'农家乐'主要靠什么增加收入？"

"餐饮。"

"全村人均收入多少？"

"2500元，比2003年翻了一倍多。"

"2500元中，旅游收入占多少？"

"1000元以上。"

胡锦涛说："发展旅游业带动了农业产业结构调整，为种植业和养殖业找到了市场。这样的发展思路符合实际。"

"你们觉得化肥价格怎么样？"胡锦涛问。

村民们七嘴八舌地说开了，如实反映当前农资市场的情况。

"要把生产资料价格控制在一定幅度内。"胡锦涛对随行的中央有关部门负责同志说，"化肥涨价有多种因素，要采取相应的政策措施加以调节，特别是要控制住批零差价的中间环节。否则，农民增加的收入，就会在一定程度上被生产资料价格上涨抵消。"

"村里还有没有乡亲温饱问题没解决？"胡锦涛问村支书。

"基本没有。"

"像查兰明家这样的困难户还有多少？"

"20%左右。"

"村里还有什么困难？"

"人畜饮水问题没完全解决。一些村民要到2公里外的地方挑水。

我们正在想办法建小水窖、小水池、小水塘。”

“这说明干部的担子还很重啊！一定要切实解决群众的实际困难，千方百计带领群众脱贫致富。这是各级干部的责任。”

胡锦涛还详细询问了农业税减免，以及粮食直补政策的落实情况。黔西南州的负责同志说：“全州今年取消农业税后，将为农民减轻负担5600万元。”

“纳灰村能减多少？”胡锦涛问。

“人均50多元。”

胡锦涛说：“今年初，中央下发了关于农业问题的1号文件，贵州省委、省政府按文件精神，决定今年全省取消农业税。你们要大张旗鼓地宣传党的这项富民政策，让广大农民都知道，切实帮助农民走上致富路。”

看到上纳灰村垃圾乱堆乱放、污水横流、峰林丛中千疮百孔的境况后，胡锦涛特别叮嘱当地干部：“万峰林景区是村里子子孙孙的‘摇钱树’，一定要保护好。要把这个道理讲给大家听，让大家都增强环保意识，自觉保护环境。”

之后，胡锦涛把一套餐具和一套茶具送给岑志兴家，祝他们“农家乐”生意更加兴隆。

离开寨子时，村民们依依不舍地涌上来同总书记握手。胡锦涛不时向大家挥手，深情地对大家说：“祝乡亲们日子越过越红火！”

## 沸腾中的万峰林

胡锦涛视察上纳灰村的新闻报道，在中央新闻联播播出后，气势磅礴的万峰林和峰林中优美的田园风光，展现在全国观众眼前，也擦亮了全国观众的眼球。

万峰林开始迎来了一批批专家、学者和省外旅客。

2005 年 5 月 23 日，中央候补委员、中国作家协会副主席、河北省作家协会主席、著名作家铁凝，《十月》杂志主编王占君，中国著名画家铁扬，声乐教授徐志英，贵州省作家协会副主席欧阳黔森（现任贵州省文联主席、贵州省作家协会主席）等来到万峰林丛中，把在万峰林看到的、听到的、感悟到的东西，纷纷融入到艺术创作的作品中，宣传推介万峰林美丽的风景、浓郁的民族风情。

2005 年 6 月 21 日，贵州电视台《经济时空》栏目到万峰林上纳灰村，就取消农业税后，村民如何抓好粮食生产等问题进行采访。

2005 年 9 月 28 日，香港特别行政区和台湾省一批特殊中老年客人，来到万峰林观景区聆听“八音坐唱”，鸟瞰万峰林独特风景。

2005 年 10 月，中国《国家地理》杂志“选美中国”专家委员会，评定万峰林为“中国最美的五大峰林”之一。

……

伴随着国内外专家、学者的纷至沓来，以及各级各类媒体的宣传报道，万峰林有力地吸引着全国各地的游客，旅游业开始火爆起来。

“自从总书记来我家过春节以后，现在每天都要接到很多游客来吃农家饭的预订电话。总书记的到来，不仅给我家带来了一笔巨大的财富，也给我们万峰林脚下所有村庄带来了发展的希望。”上纳灰村村民岑志兴如是说。

从 2005 年 3 月开始，岑志兴家的农家乐每天都有 5 桌以上的客人。这些客人来到他家后，首先参观岑志兴一家与胡锦涛的合影照，然后就是学着和起号子打糍粑。

不难看出，前来岑志兴家消费的客人，切实内心上都想感受一下胡锦涛到他家视察的各种场景。

但是，让岑志兴意想不到的是，一些收藏爱好者反复通过各种渠道找到他，欲以数十万元的高价，收购胡锦涛在他家打糍粑的那套用具，有的甚至找当地熟人前来当说客。

面对纷至沓来的收藏爱好者，岑志兴一一进行了回绝。“这是胡锦涛留给我家最好的纪念，是万峰林的宝贝，是致富的金钥匙，价钱再高也不能卖。”

除了岑志兴家农家乐生意火爆外，其他人家开办的农家乐也跟着旺了起来。

兴义市民黄珠林退休后，每天下午都喜欢到万峰林景区散步。据他回忆，胡锦涛视察上纳灰村前，无论是万峰林景区入口，还是上纳灰村，游人都较为稀少。

胡锦涛视察纳灰村后，无论是万峰林景区的观光道上，还是上纳灰村的田埂上，到处都有游客的身影，到处都有举着相机的摄影爱好者，到处都能听到游客赞叹的声音，随处都能遇到问这问那的远方游客。

黄珠林说，尤其是周末或节假日，万峰林脚下的村庄到处停满了各式各样的车辆。“从车牌号码识别，这些车辆除了少部分本地车辆外，大多数车辆来自广西百色、云南曲靖等地。”

万峰林开始“热”了。

昔日冷冷清清的万峰林景区售票处，人流量也开始熙熙攘攘了起来。大多时候，万峰林景区售票人员总是忙个不停，景区内甚至开始出现“导游荒”。

然而，随着游客的增多、生活消费力度的加大、环境保护设施的跟不上等，生态环境日益恶化的万峰林让村民们感到异常担忧。

## “凤凰”不留万峰林

在发达地区企业老板的印象中，贵州既是欠开发、欠发达，且是全国石漠化最严重的省份之一，又是个“天无三日晴、地无三尺平、人无三分银”的穷地方。

每年，都有成千上万的贵州人，相继到发达地区打工。

这是不争的事实。改革开放前期的贵州确实是这样：全省没有一条像样的高速公路，好些乡镇不通车、不通电、不通水，广大人民群众过着“出门靠步行、吃水靠人挑、吃米望过年”的穷苦日子。

改革开放以来的贵州，在党的一系列优惠政策的沐浴下，那崭新的面孔，早已颠覆了贵州数百年形象符号“地无三尺平、天无三日晴、人无三分银”及“夜郎自大、黔驴技穷”等固有代名词。

不过，也很能理解。毕竟那些年的贵州，底子薄、起点低、基础差，条件的确艰苦，人民群众确实贫困。

在发达地区企业老板们印象里，贵州这么大一个省，都这么糟糕，就别提万峰林这么一个小小的地方了。

“是金子总会发光的。”这话，俗而有理。

胡锦涛视察万峰林上纳灰村后，掩盖在万峰林这块金子身上长达数以千年的层层面纱，被全国各级主流媒体争相层层揭开，让万峰林这块诱人的金子，毫无保留地展现出来。

此时，发达地区工业企业异军突起，竞争压力逐渐加大，尤其是一些商品，已开始出现供大于求的现状。

伴随着劳动力成本的增高，发达地区好些小企业逐步面临着倒闭，大企业为了生存，不得不谋划转型发展之路。

而这个时候，万峰林这块闪亮的金子，不断地将自己金贵的身子展现在央视的屏幕上。

从心底里从未看得起贵州的老板们，每当在央视的屏幕上目睹基础设施不断完善、产业发展欣欣向荣的贵州黔西南州新面貌，抑或看到空气清新、景色秀丽的万峰林时，他们总在内心询问自己。

今天的贵州怎么了？

今天的贵州咋变得这么快？

今天的贵州已经不再是落后的代名词了。

面对激烈的竞争，他们坐不住了，决定前往万峰林考察，转产发展旅游业。

浙江温州的皮鞋厂老板张明玉来了。

江苏南京的旅游集团公司董事长徐军来了。

上海浦东的地产商王军也来了。

……

一时间，整个万峰林脚下的村庄，成了发达地区企业家们考察发展的首选之地。

今天这个企业来考察，明天那个企业来谈项目合作……昔日被发达地区企业家们认为贫穷落后的贵州、没有半点印象的万峰林，刹那间成了香饽饽。

谈到接待应接不暇的事，上纳灰村“万峰第一家”农家乐老板岑志兴的感触最深。

他说，有时候，他家的农家乐，要接待两三组发达地区的企业家。这些企业家，带着策划师和企业高管等，边吃饭边研究发展事宜。

“有的企业家想来万峰林打造‘吃、住、行、游、娱、购’一体的民族风情小镇，有的企业家想承包整个万峰林景区进行包装开发，有的企业家想在万峰林景区附近开发房地产……”

在“考察、洽谈、签署框架战略协议”等一系列前期工作中，有的企业家带队来万峰林就达数十次，有的甚至在兴义市城区的宾馆长期住了下来，对万峰林这块不可多得的“处女地”进行再调研、再认证。

意想不到的事情还是发生了。

尽管万峰林仍然不停地闪耀着属于它的不朽光辉，当地营商环境也在不断优化，但万峰林脚下的那些村庄，因其日益恶化的生态环境，让深入考察的企业家们，感到了些许担忧。

“无论发展旅游业还是农业，最重要的条件就是要具备良好的生态环境。没有良好的生态环境，再好的营商环境也等于零。”前来万峰林考察的江苏南京旅游集团公司董事长徐军如是说。

渐渐地，来万峰林考察的企业家虽然还多，但好多企业家在经过细细的调研考察后，都以各种理由推辞，转身离去。

生态环境的恶化，让万峰林失去了很多难得的发展机遇。

## 勾勒万峰林发展蓝图

“万峰林景区是村里子子孙孙的‘摇钱树’，一定要保护好。要把这个道理讲给大家听，让大家都增强环保意识，自觉保护环境。”

胡锦涛叮嘱当地干部的这句话，在贵州各级领导干部的心里烙下了深深的印记。

也就在这个时候，2005 年 8 月 15 日，时任浙江省委书记的习近平在安吉考察时首次提出“绿水青山就是金山银山”这一科学论断。

在此次考察召开的座谈会上，习近平同志讲道：“我们过去讲，既要绿水青山，又要金山银山。其实，绿水青山就是金山银山”。

9 天后，习近平在浙江日报《之江新语》栏目发表了《绿水青山也是金山银山》的评论。习近平明确提出：如果把“生态环境优势转化为生态农业、生态工业、生态旅游等生态经济的优势，那么绿水青山也就变成了金山银山”。

对于万峰林这棵“摇钱树”来说，为了一时的发展而不顾生态环境的日益恶化，将得不偿失。如果把万峰林治理恢复成绿水青山，再转化为生态农业、生态旅游等生态经济优势，那万峰林就变成了金山银山了。

如何既能保护好万峰林的生态环境，又能推动万峰林快速发展？是摆在当地政府面前一道急需破解的难题。

国家相关部委的领导来了，国内著名的专家、学者也来了，他们深入万峰林深处，了解万峰林脚下村庄农业产业发展情况，监测纳灰河水污染程度，目睹了村庄垃圾乱扔、污水乱倒的现状。

很快，专家们找出了万峰林生态环境日益恶化的“病根”。

根据具体“病情”，专家们一致认为，要根治万峰林生态环境的恶化，保住万峰林的发展，唯一的出路就是要对万峰林景区、万峰林脚下所有村庄进行高标准规划、高品质建设和高效益管理。

对于万峰林的发展来说，顶层设计不好，加重破坏生态环境不说，还会阻碍地方经济社会发展。

针对专家们所提的对策建议，黔西南州委、州政府领导高度重视，先后组织相关部门前往华西村、杭州西湖景区等地进行考察学习，借鉴发展经验。

在经过一系列的考察，一系列的商讨论证后，最终决定按照专家们对万峰林开出的“药方”进行“抓药”，实行一张蓝图干到底。

经过一年多的努力，一张既能发展又能守住万峰林生态底线的《万峰林游览区保护与建设规划》蓝图，终于“出炉”了。

这张规划蓝图，编制了包括则戎、敬南部分村寨近200平方公里区域，并经过多方论证，为长期实施“保护、开发行动”制定了可持续发展依据。

按照这张蓝图，兴义市各级各部门快马加鞭，列出了建设万峰林景区和峰林脚下所有村庄改造的时间表、路线图和任务书。

具体在景区建设方面：2012年前，建成峰林大道和8条支道，修建观峰路16.8公里，在西峰林主景区修建2个广场，在观峰道入口处修建休闲茶室、民族街、观景长廊、随坡叠水、公厕和停车场等附属设施。在观峰道旁边建起两座观峰亭，安装景区草坪灯和乡村旅馆灯，对内侧边坡进行大面积绿化。

……

村庄建设方面：2012 年前，硬化万峰林脚下所有村庄的通村路和入户路，以及房屋立面改造……将上纳灰村、落水洞村规划建成新农村建设示范村，将纳录村、鱼龙村打造成小康村。

……

纳灰河治理方面：2012 年前，对纳灰河的污染物进行全面打捞，对纳灰河两岸的污染源进行排查，并在纳灰河沿岸植树造林 19.8 公里，种植观光型农作物和花木。

……

山头绿化方面：2012 年前，对开荒种粮的 1539 亩石旮旯地进行全面退耕还林，还万峰林一片葱郁。

……

垃圾和污水治理方面：2012 年前，各村完成村寨内给排水、污水处理管网建设，修建固定垃圾池，对所有农户厕所进行改造，并在指定地点修建公厕。

……

亮化工程方面：2012 年前，安装太阳能节能灯 10060 盏，实现村村有路灯。

……

农业产业发展方面：2012 年前，所有村庄以发展绿色蔬菜为主，不能再发展大棚蔬菜种植。

……

燃料方面：2012 年前，所有村民逐步由烧柴转向用电。

……

违章建筑方面：未办理宅基证、未按照规划建设的所有房屋，在 2012 年前全面拆除。

在《万峰林游览区保护与建设规划》的这张蓝图引领下，在各级各部门领导的关心支持下，昔日生态环境日益恶化的万峰林，即将迎来脱胎换骨的转变。

## 掀起危房改造与景区建设

2006年2月24日。

一大早，细雨绵绵近10天后，万峰林脚下的上纳灰村，天气突然转晴。村头，昔日那棵冷清的大榕树上，突然飞来了不少的小鸟和喜鹊。

小鸟们沿着大榕树飞来飞去，喜鹊们则站在茂密的树枝上欢快地叫了起来，村子里似乎多了几分喜气。

喜鹊们的“大合唱”，让查兰明感到异常吃惊。正在吃早餐的查兰明问妻子：“今天这喜鹊叫得咋这么整齐呀！”

妻子告诉他：“可能是因为一直都在下雨，喜鹊们也不好过，今天天气一转晴，它们就集会一起‘庆祝’吧！”

妻子的回答，查兰明觉得有几分道理，但他心里一直忐忑不安。他丢下手中的筷子，从窗户扒开用来挡风的塑料布，一个劲地往村口的大榕树上瞧。

他看到，那些喜鹊都在朝着他家唱歌。

查兰明沉默了几分钟，对妻子说：“这些喜鹊叫得太不寻常了，估计今天村里可能要出什么大事呢？”

一旁的妻子急促地对他说：“什么大事呀？我怕天会塌下来了哟！赶快把碗里的面条吃完了我好洗碗，将军峰下的地里，还有好多活没干完呢！”

查兰明说：“你想想，胡锦涛到我们家来的头一天早上，是不是也有喜鹊在我们家屋顶上，欢叫着飞来飞去的？”

妻子激动地说：“对，那天你还叫我开门去看下，到底咋回事？没想到第二天早上，胡锦涛就来我们家了！”

此时，查兰明更加忐忑不安。

胡锦涛在他家视察的身影，霎那间完全浮现在眼前。一旁的妻子也发出感叹：“会不会又有中央哪位大领导来视察呀？”

“不会吧！胡锦涛刚来过啦！”

“那这些喜鹊咋这么热闹呢？”

夫妻俩正在纳闷时，门外传来了村支部书记徐祖清的声音：“兰明，在家没有？”

“在的。徐书记，来家里嘛！”

“不来了。今天市里的领导要来村里开会，10点钟你准时到村口集中，我还要去通知其他几家呢！”

查兰明的妻子回应道：“徐书记，哪样会哟？这么急，我们家兰明能不能不参加呀？我家地里还有好多活没干完呢。”

“市里和镇里的领导专门交代过：你家必须参加呢！”

“那行嘛！我让我们家兰明准时来！”

妻子话音刚落，村口处传来了高音喇叭声。紧急着，一首张也唱的《走进新时代》，盖过了喜鹊的叫声。

“孩子他爸，你赶紧吃完早餐去吧！喇叭都响了，估计要开会了呢！”

查兰明回过神来，狼吞虎咽地把碗里的面条吃完后，从院子里的晾衣绳上取下衣服，三下五除二穿好后，快步来到村口。

村口的小广场上，寨邻老幼们早就围过来了。

广场的正中央，十多位镇里的干部和村里的干部正在忙着布置会场，会场的最前方悬挂着“上纳灰村贫困户危房改造暨小水窖修建工程启动大会”的横幅。

就在查兰明及村民们感到吃惊之时，几辆黑色桑塔纳驶入了村口，村支部书记徐祖清等村干部，不停对围在村口的村民说：“大家让开一条道出来，领导们来了。”

查兰明定睛一看，从黑色桑塔纳下车的领导，好些都是陪着胡锦涛到他家视察的州、市领导。

10 时许，久违的太阳光，温暖地照在上纳灰大地上。兴义市政协副主席、下五屯街道办事处党工委书记谢春走上前台，向村民们介绍了会议的内容。

随后，黔西南州委书记许正维，贵州省委保持共产党员先进性教育活动驻州督导组组长罗庆元，黔西南州委常委、兴义市委书记黄定承等省、州、市领导纷纷上台。

在激动人心的音乐声中，许正维大声地对村民们说：“我宣布，兴义市下五屯街道办事处上纳灰村贫困户危房改造暨小水窖修建工程正式开工！”

许正维话音刚落，村支部书记徐祖清急忙地对查兰明说：“兰明，你家的房子今天就要开始改造了，你等会儿带着这三位施工人员到你家去。”

按照村支部书记徐祖清的安排，三位头戴安全帽的工人来到查兰明家，开始了房屋改造工程。

就在查兰明等 8 户贫困户危房改造工程和小水窖修建工程还没完工时，上纳灰村、下纳灰村的房屋立面改造和万峰林景区基础设施建设工程等也同时全面启动。

万峰林吹响了基建和房改的冲锋号。

峰林脚下，到处都是施工队伍忙碌的身影，家家户户都有施工队伍进进出出，好一派繁忙的景象。

“那时候，无论是上纳灰村、下纳灰村，还是万峰林景区内，每天都有两三百人的施工队伍忙个不停。”查兰明如是说。

每个星期一，相关部门都会拿着图纸来到村里，到各家各户进行认真的检查，查看施工队伍是否按照规划进行建设。

在施工队伍们辛勤汗水交织下，在村民们的期盼下，一个焕然一新的万峰林景区、一个个具有民族特色的村庄，正昂首阔步向村民们走来！

## 激战生态困局

发展与环境，和谐共生。

处在新时代的我们，如何解读“发展与环境”的关系，是对科学发展能力的一场“大考”。彼时的万峰林，因“大考”的答卷不及格，曾经历了发展迅猛、而生态环境也日益恶化的矛盾。

2005 年 2 月 5 日，视察上纳灰村的胡锦涛，发现万峰林处在发展和生态环境恶化的矛盾之中不能自拔时，当即对当地干部和群众说：“万峰林景区是村里子子孙孙的‘摇钱树’，一定要保护好。要把这个道理讲给大家听，让大家都增强环保意识，自觉保护环境。”

这句意味深长的话，将沉睡在只求发展而忽略保护生态环境的当地干部和群众，霎那间从睡梦中惊醒。

其实，对于万峰林脚下所有村庄的污染问题，兴义市相关部门在 2005 年以前就已发现其严重性，但却为何迟迟未能得到根治呢？

原来，自从开始建设万峰林景区后，兴义市相关部门曾多次到万峰林脚下村庄，对污染源进行过深入调研，并制定了治理方案。

然而，在对万峰林的生态环境治理过程中，曾出现过不少“肠梗阻”，导致治理效果不好。

原因在于：一方面，治理的资金有限。另一方面，村民们极不配合，少部分村民甚至从中刁难或煽动村民闹事。

事实上，早在 2000 年，万峰林尤其是上纳灰村、下纳灰村等村的污水乱排、垃圾乱倒等现象就已引起了兴义市相关部门的高度重视，相关工作人员曾前来挨家挨户做工作，希望大家不要乱倒污水、乱扔垃圾。

“那段时间，污染相对好了一些。但一段时间后，又死灰复燃了。”村民们称。后来，相关部门在各村安放了一定数量的垃圾桶，并张贴通告，希望大家将垃圾丢在桶内。不久，安放的垃圾桶有的却不翼而飞，有的则被严重破坏。

“在污水的排放上，相关部门要求我们倒在自家厕所里，农忙时节再挑到自家地里施肥。”村民们说，一般人家都严格按照相关部门的要求，不再乱排污水了。

“农家乐”却为倒污水一事犯难。

农家乐每天洗菜、洗碗生活用水过多，厕所容量几天就满了，不得已，又只能悄悄往外排放。每家逐日的倾倒和积累后，污水排放问题又死灰复燃。

俗话说：“困难永远没有办法多。”

为了迎接这场新的“大考”，考出优异的成绩，兴义市相关部门整合资源和力量，并根据《万峰林游览区保护与建设规划》蓝图，开始以重拳出击的姿态，治理峰林脚下所有村庄生态环境。

“守住绿水青山”，成了万峰林发展的“关键词”。

在兴义市下五屯街道办事处万峰林片区生态环境治理工程动员大会上，相关领导就保护好万峰林，就是保护子子孙孙的摇钱树作了全面的辩证发言，相关部门负责人就如何根治峰林脚下村庄污染，作了详细的安排和部署。

治污水，马上建给排水管网。

治垃圾，马上安装固定垃圾池。

治废气，马上拆除污染厂矿。

治重金属，马上拆除所有蔬菜大棚。

治“两违”，马上拆除所有乱搭乱建房屋。

治石漠化，马上把村民们拓荒种粮的石旮旯种上树。

……

从 2006 年 8 月起，按照治理的时间表、路线图和任务书，万峰林景区、上纳灰村、下纳灰村、双生村、纳录村等掀起了“治理污染，我们在行动”活动高潮。

纳灰河上，环卫工人正在清理垃圾。

村子中央，施工队伍正在修建固定垃圾池。

田间地头，施工队伍正在拆除蔬菜大棚。

房前屋后，施工队伍正在修建给排水管网。

公路两边，施工队伍正在拆除“两违”建筑。

……

拆除蔬菜大棚还算顺利，很少有村民进行阻碍。但拆除“两违”建筑，就不是那么顺利了。

就在相关部门组织的施工队伍对村民们破坏生态环境的蔬菜大棚、“两违”建筑进行拆除时，一些村民开始出来阻拦，当起了“钉子户”。

一些村民认为，“两违”建筑并不影响生态环境，况且是他们自家的田地，自己辛苦挣来的建房钱，谁管得着？

村民们开始在未办理有关用地手续的情况下，便在自家良田里挖地基建房，或沿着自家的老屋扩大房屋面积，导致村里‘两违’建筑，如雨后春笋般涌现。

村民们说，村里出现这一“怪圈”后，相关部门也曾前来做过检查，并到各家各户做宣传，要求大家不要违规建房、占用良田好地。针对已经开始违规建设的村民，相关部门下发了通知，要求停止施工。

相关部门来了，他们停工。

相关部门一走，他们马上开工建设。

这场猫鼠游戏，颇为令人头疼。见状，兴义市相关部门当即派出工作人员驻扎在村里，督促村民们停止施工，等候处理。

令人哭笑不得的是，一些村民趁工作队晚上回城里休息之机，组织施工队伍通宵达旦地进行施工。当他们第二天赶来时，这些违规建筑又“长高”了。

这种上有政策下有对策的事件，在峰林脚下的村庄频频上演。为了遏制这种事件的蔓延，兴义市委、市政府高度重视，成立了由公安、城管等相关部门组成的工作组再次进驻村里，并组织村民们学习土地法，向存在破坏生态环境的村民，下发了限期整改的通知。

通知规定：“凡涉及‘两违’建筑的村民，自接到拆除通知之日起，30天内自行拆除……凡久拖不拆，或阻碍拆除的，先由村支两委进行批评教育，教育无效再次无理取闹的，将由公安部门采取相应措施。”

在一系列“组合拳”下，违规建筑的村民似乎意识到自己的错误。部分村民率先对自己的违规建筑进行拆除，有的村民因为在违规建房上花了不少钱，总在犹豫徘徊，觉得不划算。

针对尚未拆除的“两违”建筑，按照通知的时间表，兴义市相关部门开始组织“两违”拆除队伍推进。

当挖机准备对余下的“两违”建筑进行强拆时，房主又立刻站出来，向拆除队伍保证，他们马上自行拆除。

“虽然舍不得拆除，但如果让相关部门组织的‘两违’拆除队伍用挖机拆除，好多砖和钢筋就再也无法用了，那样我们的损失就更大。”

在谈到当初违规建房被强拆的事件时，村民们感到懊悔不已。用他们的话说，主要是自己幼时家庭贫困，书读得少，不懂国家有关政策和相关法律法规，总认为自己的田地想咋弄就咋弄。

面对治理污染的这些“考题”，当地干部并没有被困难吓倒，而是从思想上、行动上去寻求“保护好万峰林这棵子子孙孙‘摇钱树’的答案”。

在思想上，他们有着不畏艰难的勇气，有着攻坚破难的决心，有着迎难而上、战胜困难的朝气。而在行动上，他们敢于深入基层，敢于融入群众，敢于直面工作中的问题。

当干部具备了敢于担当的勇气、敢于担当的能力、敢于担当的胸怀、敢于担当的底气，再复杂的矛盾，都能把它解决在萌芽状态。

在治理万峰林的生态环境中，他们将寻求到的这些“答案”，逐一用到工作中。

纳灰河上，昔日成堆的垃圾没了身影，河面上的漂浮物已杳无踪迹。

村子中央，一个个固定的垃圾池，让那些乱丢乱扔的垃圾终于找到了“婆家”。

田间地头，一个接着一个的蔬菜大棚，已被全面拆除，含重金属超标的地块已被整改。

房前屋后，给排水管网已铺设完毕，脏水、污水顺管而下。

村东村西，所有污染厂矿全面拆除，恢复了清新空气。

公路两边，“两违”建筑渐渐全面拆除，恢复成田间地块。

峰林山腰上，裸露的山头渐渐种上了树。

被村民们拓荒种粮的石旮旯，渐渐种上了经果林。

……

5 年后，万峰林的山上绿了，河水清了，地里干净了。

万峰林，终于圆满完成治污“大考”答卷。

## “开心农场”的强心剂效应

万峰林的生态环境恢复了。

然而，接踵而来的是，万峰林群众的腰包渐渐没钱了。

新一轮困境由此而来。

对于当地干部来说，面对“既要绿水青山，又要金山银山”的课题，他们分析得出困难和问题，但却无法结合实际给出对策。

2008年底的一天，一位当地干部到浙江杭州出差。在宾馆房间的书桌上，他不经意发现了一份两年前的《浙江日报》。这份报纸的一版，刊登了时任浙江省委书记习近平同志发表的评论文章。

文章中写道："如果能把生态环境优势，转化为生态农业、生态工业、生态旅游等生态经济的优势，那么绿水青山也就变成了金山银山。"

这段不足50字的评论文章，深深吸引了他。

他将报纸带回兴义市，并及时呈送兴义市委、市政府主要领导阅。未曾料到，习近平同志的这篇评论，引起了兴义市委、市政府主要领导的高度重视。

他们及时组织兴义市相关部门负责人，对这篇评论文章进行深入学习。通过学习，兴义市委、市政府主要领导，以及相关部门负责人的思路被打通了。

"绿水青山和金山银山不是对立的，关键在人，关键在思路。"对于万峰林的发展来说，不能走以牺牲环境为代价换取发展的老路，也不能走捧着绿水青山"金饭碗"过穷日子的穷路，要走生态优先和绿色发展、百姓富和生态美的新路。

2009年初，就在兴义市委、市政府对万峰林的发展进行顶层设计时，网上的"偷菜"游戏，开始风靡于全国各大城市白领圈。

和其他大城市周边的村民一样，万峰林脚下村庄不少头脑精明的村民，从中看到商机，率先把自己的菜地出租给城里人，让城里人感受现实版"偷菜"的快乐，而自己也可获得比单纯种植更多的收入。

从2009年7月起，"你种地，我赚钱"，这种体验式农业，成为当时万峰林脚下村民们一种增收新方式。

那时候，村民们把拆除蔬菜大棚后的田间地头，分割成很多方方正正的小块，各块取一个响亮的农场名称。有的叫"岁月人生""人生如梦”“心心相印”，有的则以黔西南州境内的景区景点进行取名。

每到周末，不少城里人便携妻带子来到万峰林脚下的田间地头，根据自己的所需所求，挑选自己喜欢的地块，在村民们的指导下耕种萝卜、莴笋等蔬菜。

早在2008年底，万峰林脚下的鱼龙村，就开始了这样的尝试，打造出了“万峰第一菜地”的品牌。

兴义市民杨珠是“万峰第一菜地”的老租种户。租种了4分地的她，几乎每个周末都要到“万峰第一菜地”来打理自己种的菜。

“那时，我们家里吃的蔬菜，大部分都是自己种的，好多朋友闻讯后，都争先恐后来家里进行品尝。”

在杨珠的带动下，越来越多的市民，纷纷涌向万峰林的田间地头，“认领”了自己的“开心农场”。

“我家的三亩田，全部被城里人租走了，一年下来，仅租这三亩田，就有近一万元的纯收入。”双生村一村民说。

在村民们看来，发展体验式农业的最大好处就是规避了土地收成的市场风险。以种一亩地计算，不计人工成本，收成好的话年平均收入在3000元左右。但通过代种认种，一亩地的年纯租金一般收入在5000元左右，除去2000元左右的管理、种肥等成本，每亩就可增收3000元，而且这是旱涝保收的。

万峰林的体验式农业发展最迅猛的时期要数2011年了。

那一年，万峰林脚下的村庄，累计租种土地近1000亩。“土地租种，不仅能让土地本身增值，还能通过这个平台，带动乡村旅游和农家乐等产业的红火，获得更多收入。”村民岑志兴说。

在岑志兴的心里，他有一个雄心勃勃的计划：依托体验式农业，将万峰林打造成滇黔桂三省区结合部的休闲、观光基地。

为此，岑志兴还专门准备了各式农具，包括小朋友喜欢的彩色铁锹、塑料小盆等，以满足各年龄阶段租种人的需要。

但是，由于岑志兴所经营的“万峰第一家”农家乐生意火爆，没有时间和精力来实现他的这个计划。

在时代发展的潮流中，万峰林已逐渐成为兴义市民进行体验式农业发展的基地。有的甚至在万峰林租起了民房，周末吃住在万峰林。

## 峰林脚下的“贵州精神”

就在万峰林脚下的上纳灰村、下纳灰村等水源较好的村庄，体验式农业不断发展壮大之时，而同在万峰林脚下的冷洞村，则面临着不同的遭遇。

这里与上纳灰村、下纳灰村等村不同的是，80% 的面积是石山，没有一块好土，没有一眼泉水，没有一条沟渠，自然环境十分恶劣，人畜饮水和生产灌溉都靠“望天水”。

18 年前，这个村因环境恶劣，而被列为贵州省典型的一类贫困村。为了摆脱贫困，从 2001 年开始，敢于拼搏、敢于挑战、敢于创新的部分冷洞村民，率先在石旮旯地里种下了 2240 亩金银花。

金银花种出来后，来自山东等地的客商纷纷前来收购，一时间，冷洞村的金银花成了“抢手货”，价格一路飙升，从每公斤 6 元上升至 24 元。

获得好收成的村民，在村里树起了种植金银花发家致富的标杆，过去一直靠种植传统玉米生活的人家，纷纷效仿。他们把已经成活的玉米纷纷挖掉，改种了金银花。

……

2010 年，冷洞村成了远近闻名的金银花村。

那时候，当你踏进冷洞村的大门时，从村东头走到村西头，映入人们眼帘的全是满山满坡的金银花。

然而，随着大部分金银花进入盛花期、村民们憧憬着当年的大丰收时，一场百年难遇的干旱袭来，沉重地敲打着村民们增收致富的梦想。

面对70多天的干旱，村民们在村支部书记朱昌国的带领下，顶着烈日，背水攀登上山，在石旮旯里一瓢瓢、一株株地浇灌。

让人绝望的是，几瓢水浇下去，刨开根部一看，土还是干的。水分在干涸的土地上瞬间蒸发，眼睁睁就要看着一株又一株的金银花，无可挽回地枯死了。

“当时，我们全村有368个水窖、246个水池，蓄水仅剩1200立方米，不要说浇花了，那点水只够1000多人口喝10来天呢。”朱昌国说，面对那样的境地，不少村民如临大敌，都在纷纷为自己生存的出路想办法、谋点子。

“金银花的花期一般在5至6年左右，如果干死了再去发展，我们的村民就要有5、6年都得过苦日子，能不能救活这些金银花，要看我们是否想得出办法了。”

办法总比困难多，这是朱昌国长期以来坚定的信念。

在村民们一张张失望的面孔面前，朱昌国突然想起了前几天，孩子们在家中院子里玩耍的一幕幕。

原来，2010年3月4日下午，村里的几个小孩在他家院子里玩耍时，用一个塑料瓶装了一些洗脚水，挂在墙头的桂花树上后，然后在塑料袋的下方用针戳了一个小洞，让水滴浇灌桂花树。

两天后，树下的土壤渐渐湿润了。

于是，朱昌国想到了“滴灌”。

“其实，我原来在电视上也看过甘肃等缺水严重地区用过‘滴灌’发展农业的镜头，加上孩子们在我家院子里的‘实践’，让我产生了试一试的想法。再说，那时候也没有其它路子可走了。”

朱昌国立即在自家的金银花地里试验起来。

他将家里废弃的矿泉水和饮料瓶装满水，再在瓶子底部戳一个小孔，然后在一束束枝叶枯黄的金银花根部刨了个坑，再将瓶子放在那里。两小时后，那瓶水滴完了。

第二天，朱昌国跑到自家的金银花地里一看，耷拉着“脑袋”的金银花恢复了生机，试验取得了初步成功。

“当时，我心情非常激动，当即赶回村里，将这一试验成果，告诉了金银花大户张邦国和李兴学。”朱昌国说。

几天后，张邦国和李兴学也跟着效仿，活生生地将在死亡线上挣扎的金银花给拽了回来。面对取得的成功，朱昌国决定，带领全村农户实施滴灌方式，去抢救因干旱而要死亡的金银花。

他拿着一个矿泉水瓶子，带领村干部挨家挨户培训村民。

一时间，冷洞村满山遍野的金银花地里，又重现了村民们忙碌的身影。村民们用自己的手和肩，背水上山保苗。无论天色未明，还是夜色苍茫，冷洞村的群山之上、石旮旯里，总是活跃着人们背水保苗的身影。

为了满山满坡的金银花，为了冷洞村村民来年的生计，朱昌国带领着村民们四处搜寻旧塑料瓶。

他们在兴义市大佛洞公园募捐、到黔西南日报社和黔西南电视台寻求帮助，能想到的办法都用上了。

部队、学校、机关办公地，有他们出出入入的身影。

12 天时间后，12 万个塑料瓶纷纷送到了村里。

就这样，除了干旱期间死去的金银花外，村里大部分的金银花得救了。这些塑料瓶，不仅保住了村民们的命根子，还保住了村民们发展的新希望。

2010 年 4 月 4 日下午 3 点 10 分，就在村民们继续为山上的金银花“滴灌”的时候，中共中央政治局常委、国务院总理温家宝来到了冷洞村。

在村口下车后，温总理立即向夹道欢迎的群众挥手致意。见状，等候在旁的朱昌国一边迎上前去，一边激动地说：“乡亲们，总理来看我们啦！”

周围随即响起一阵阵热烈的掌声。

握手时，总理一句“你们辛苦了”，让朱昌国倍感温馨。因为“有很多话想对总理说”，在将总理迎进村时，朱昌国迫不及待地介绍起村里的发展情况。

在听朱昌国的介绍时，总理始终面带笑容，听得很仔细，还频频地点头。朱昌国越说越动情：“不种粮食不得了，光种粮食富不了。如果不种金银花，不进行石漠化改造，农民就没有了收入，这个地方就不能长远发展，这些事情是跟我的命联系在一起的。”

朱昌国朴实的话语深深感动着总理。

温家宝说：“一个基层干部把群众的利益看得比自己的生命还重要，他用很朴实的话语，给我们上了一课。冷洞村‘不怕困难、艰苦奋斗、攻坚克难、永不退缩’的精神，就是贵州精神。这种精神比物质还要宝贵、还要长远。无论是抗旱，还是改变贵州贫穷落后的面貌，都需要这种精神。”

总理的话激励着朱昌国，也激励着冷洞村村民，鼓舞着在场的每一个人。

冷洞因此而激浪千层。

## ■ 州委书记当上“农场主”

在媒体的宣传报道下，一时间，“不怕困难，艰苦奋斗，攻坚克难，永不退缩！”的贵州精神响彻祖国大江南北。

万峰林脚下的上纳灰村、下纳灰等水源较好的村庄，村民们则用实际行动践行了一个又一个的“贵州精神”。而体验式农业也开始向规模化和品牌化方向发展。

2011 年夏季，为了更好带动村民们发展好体验式农业，上纳灰村委会专门启动了农业示范园建设，将村里的 12 亩土地划分成 22 块“QQ 农场”，分别种上了白菜、青菜、豌豆、小葱等应季蔬菜，命名为“万峰林体验式农业示范园”。

在村民们的精心照料下，园内各类蔬菜长势喜人。

2011 年 11 月 22 日上午，长期以来重视农业产业发展的黔西南州州委书记陈鸣明，闻悉万峰林体验式农业发展的情况后，率相关部门负责人前往万峰林调研。

当他走进“万峰林体验式农业示范园”，看到长势喜人的各类蔬菜后，兴奋不已，便详细了解了上纳灰村发展体验式农业示范园的具体情况。

当陈鸣明得知，村里为了在发展中保护好生态环境，千方百计发展体验式农业示范园，吸引城里人前来认租并取得一定的成效后，他非常高兴，当即从包里摸出 6000 元钱给村里，表示自己也要认租一亩地。

“其中 3000 块钱作为租金，其余的是种子和劳力等其它投入成本。”陈鸣明吩咐相关人员，虽然自己没有时间亲自来打理，但自己认种的这块地一定要请农技人员来配合，严格按照高效农业和精品农业标准进行种植。同时，种出来后还要算算细账，这块地的全部投入是多少，产出又有多少。

“农业产业结构要怎么调整，怎么样才能见效，还需要我们干部实实在在做出来给农民看，要像‘解剖麻雀’那样，把账算给大家，这样才能真正产生示范带动作用。”刚刚当上了“体验式农场主”的陈鸣明，向在场的当地干部和群众道出了自己的想法。

州委书记带头种菜的举动立即得到响应，陪同调研的黔西南州委常委、兴义市委书记桑维亮也当即摸出现金，在示范园内认种了一块地。

见状，一旁的万峰林街道办事处的负责人急忙汇报说，根据当地发展旅游业的需要，办事处已因地制宜调整了农业产业结构，大力发展特色农业、生态农业和观光农业，进一步丰富了旅游产品结构。

陈鸣明听了十分高兴：“像万峰林这样好的条件，城乡统筹的试点就从这里干起。要搞精品农业，包括农产品加工业，另外还要发展旅游业，要千方百计带动农民致富增收。”

在与村里的农户座谈时，陈鸣明对随行干部说，“四帮四促”和“万名干部下基层”等活动目前正在广泛展开，核心就是要切实抓好每家每户的增收致富工作。

陈鸣明称，要求机关做的，领导机关首先要做到。要求干部做到的，领导干部首先要做到。要求领导干部做到的，党员领导干部首先要做到。

“在结构调整过程中，也许还有部分农民思想上暂时想不通，思想的转变毕竟有一个过程，我们广大干部尤其是领导干部就得引导好，示范好，农民就能接受。”

在陈鸣明看来，万峰林要从根本上治理生态环境，除了要完善好基础设施建设、从严打击人为破坏外，最重要的是要发展好体验式休闲、观光农业，让老百姓实现增收致富。只有老百姓有钱了，素质提高了，他们就会自觉地爱护环境、保护环境。

体验式农业，是今后发展休闲农业的一个重要方向，也是让农户通过土地增收的重要方式。虽然万峰林发展体验式农业已到达一定程度，但规模还不大、质量还不高、品牌还不响。

鉴此，陈鸣明认为，万峰林在今后的发展体验式农业过程中，首先要打造集体品牌，其次要有足够的创意，最好能融入农耕文化等内涵，这样才能吸引更多的市民前来参与。

“只是让客户种菜，过段时间客户就没有新鲜感了，所以必须经常搞些创意活动，如烧烤、‘偷菜’比赛、特色农产品质量评比等。只有不断满足市民的好奇心，发展体验式农业才有更大的市场。”

陈鸣明的观点，不少专家表示赞赏。

他们认为，体验农业是创意农业的重要组成部分，但在实际操作中不能太单一，一定要与观光农业、旅游农业等相结合做出品牌，才有出路。

“陈鸣明书记认租的体验式农场，虽然有相关部门的技术人员在管理，但陈书记只要一有时间，都会骑着自行车来到他的农场，与相关技术人员一道，精心打理自己的蔬菜。”上纳灰村的村民们说。

通过努力，陈鸣明认租的农场蔬菜也好，稻谷也罢，无论从品质上还是产量上看，都是整个万峰林农场内最优的和最高的。

在陈鸣明的示范带动下，走进万峰林脚下的田间地头里，处处可看到“领导干部领种、挂帮干部管理、农技人员指导”的有机蔬菜，处处可看到村里农家乐采购人员的身影。

## 有机农业遍地开花

万峰林虽然土地资源不怎么丰富，但田地肥沃，且离兴义城区仅有几公里，尤其是纳录村、双生村和鱼龙村，离兴义城区更是近在咫尺，为规模化、品牌化发展有机农业打下了坚实的基础。

地理优势就是发展优势。

万峰林有机农业发展，一直牵动着黔西南州委书记陈鸣明的心。

每一次，到万峰林调研时，陈鸣明都要叮嘱万峰林脚下的所有村干部：“发展有机农业市场前景很好。万峰林这里不能搞反季节种植，要顺季节种植，该种蔬菜种蔬菜，该种大米种大米，该种油菜种油菜。要打造万峰林蔬菜、万峰林大米、‘万峰林’菜油 3 个品牌，使现代有机农业观念深入人心，同时带动农业结构调整，促进农民增收，取到良好的引导示范效果。”

为了让老百姓吃上定心丸，为了把“万峰林大米”这个品牌打响，陈鸣明还在万峰林上纳灰村示范种起了一亩田的水稻。

在陈鸣明的示范带领下，勤劳朴实的万峰林人民，开启了规模化、品牌化发展有机农业的新征程。

“过去我们也在种水稻、精品水果等作物，但由于没有进行认证，品牌不响，效益不好，无法从中得到实惠。”

村民们说，自从2009年陈鸣明带领他们发展体验式农业以来，大家发现，发展有机农业产业是万峰林一条不可多得的增收路子。

在上级有关部门的指导下，村民们发展有机农业的信心十足，大家都把没有出租出去的田地重新进行打造，种上了品牌效益好的蔬菜、大米、油菜和精品水果，从心底里想再打造一个“贵州精神”的升级版。

毕竟，万峰林占据了发展有机农业产业的很多有利条件。

“现在，开办农家乐的村民越来越多，好多城里人到农家乐来消费的原因，就是希望吃上万峰林种植的有机蔬菜、有机大米和有机水果。”村民们如是说。

“来农家乐消费的客人，点菜前首先问，蔬菜是不是附近种的有机蔬菜？大米是不是附近种的有机大米？如果不是，他们就会转身而走。”

为了留住客人，吸引更多客人前来消费，万峰林脚下的农家乐老板们，掀起了与发展有机农业产业的村民们签署预定蔬菜、大米等合同的高潮。

在供小于求的市场背景下，万峰林脚下的村民们，发展有机农业产业的底气更加十足。用他们的话说，不怕销不出，就怕种不出。

不少农家乐的老板也在说，有的客人为了吃上新鲜的有机蔬菜，携妻带子至田间地头，各自采摘，再拿到他们的农家乐进行加工。

除此之外，一些客人还会选择带着蔬菜、大米回去食用。有的客人，还给村民当起了有机农业的义务宣传员。

就在“安全、环保、绿色、健康”的食品成为市场“刚需”之际，万峰林脚下的村庄已形成了蔬菜、大米、油菜和精品水果等特色产业带。

2012年，万峰林脚下的上纳灰村、下纳灰村等村，实现有机产品认证面积达到了1213亩，年产值2700万元，户均纯收入达11万元以上。

万峰林，发展有机农业前景广阔、潜力巨大。

## 农家乐休闲旅游业风生水起

岑志兴对幸福的体味，颇为深刻。

他说：“2008年以来，随着万峰林旅游业的持续‘井喷’，他的农家乐生意越来越好做了。现在，每天能有千把块钱的毛收入，除去各种成本，一年的纯收入在20万元左右。”

和岑志兴家规模一样大的农家乐，仅上纳灰村、下纳灰村两个村就发展至62家，加上其他辐射产业，两个村年收入2000多万元。

尚未摘掉贫困户“帽子”的查兰明，则在当地政府的帮扶下，于2006年底开起了“农家旅馆”，生意红火，并在2007年底摘掉了贫困的“帽子”。如今，走进查兰明家中，各种沙发、电冰箱、电视机等生活用品一应俱全。

姚家湾组村民姚明朋，是位智商和情商比较高的村民。

2005年3月以前，他一直在外从事餐饮服务业，先后辗转云南的蒙自、广西南宁等地当厨师，曾在广州花都区开了好几年餐馆。

2005年3月，在看到家乡旅游产业发展越来越旺后，姚明朋从广州回到了家。他发现，家乡的发展潜力并不比广州花都区差。

他放弃了再回广州花都区发展的念头。

之后，他用自己储蓄的8000多元钱，购置了冰箱、冰柜、桌凳、液化器炉具等生活用具，开起了“农家乐”。

谈及“农家乐”的经营状况，姚明朋说：“在外开餐馆，生意也还不错，收入也可观，但房租、水电费等开支也很大。如今，在自己家开餐馆，就能省去很多费用和开支，相比之下，在家乡开馆子是要比在外面好得多。”

见多识广的姚明朋，凭着自己前几年开餐馆积累起来的经验，并结合家乡实际，创新地研究出了一道道特色的家乡菜，深受广大游客和兴义市民的好评。

三年之后，姚明朋的腰包越来鼓。

除了经营农家乐之外，还投资近 30 万元建起了糯米酒加工厂，将糯米酒作为旅游商品畅销州内外。

“农家乐”“农家旅馆”的不断发展，让万峰林诞生出不少的品牌产品。人们成功打造了“万峰糍粑”“万峰五星大枇杷”“万峰米酒”等特色旅游产品，有力地促进了村庄经济的快速发展，仅 2009 年，上纳灰村、下纳灰村等村，人均年收入就已超过了 4000 元。

“党的政策真是好，农民跨越温和饱；

人居环境大改变，整洁卫生又环保；

人人素质在提高，家家户户奔小康。”

这是万峰林村民们编的歌谣，歌词简洁而具有诗意。

他们用简明的歌谣，细数了万峰林村庄发生的巨大变化。

岑贞辉难掩内心的激动。这位上纳灰村老年协会会长、村理财小组组长，说起家乡的变化，藏不住喜悦脸色。

他说，从 2006 年成立老年协会以来，虽然老年协会的节目年年都在变化，但有一些节目刚刚才排练好，村里的发展又向前推进了一大步，好些节目因发展太快夭折。

万峰林农家乐休闲旅游，如雨后春笋般的涌现。

越来越多的村民们看到，峰林脚下这块肥沃的土地，不仅能生产有机特色农产品，还能生产世界“独一无二”的田园风光，生产新时代具有创意的农事文化和农家情趣。

于是，万峰林附近的一些村寨，也跟着改变了沿袭几千年的传统农业方式，把田园打理得像花圃，把庄稼侍弄得像盆景，把村庄收拾得像画卷。

一个个原本闭塞落后、不愿与外人来往的村庄，看到“隔壁邻居”的发展面貌，他们等不得、也拖不起，开始对外面的世界敞开了大门。

就这样，这些隐藏在峰林深处的村庄，深深地吸引着越来越多的城里人，村民们的腰包也因此越来越鼓。

科佐屯村位于万峰林西南部，距城市中心区 3.5 公里，辖 6 个村民小组，国土面积 5.8 平方公里，耕地面积 986 亩，有 597 户 2586 人。

2009 年前，全村村民靠进城务工维持生计。

2009 年后，他们借鉴了上纳灰村的发展经验后，加快农家乐休闲旅游产业发展，吸引各方游客。村民人均纯收入已从 2008 年的 2000 余元，增长到 2012 年的 5000 余元。

“科佐屯村”的发展路径，在兴义市绝非个案。

综观万峰林脚下的所有村庄，农家乐休闲旅游业真可谓方兴未艾。村民们不仅卖风景、卖空气，还卖土特产。他们还将有机农业产业与持续“井喷”的旅游业进行联姻后，让峰林脚下的村庄成了一个接一个的创富发动机。

万峰林，既是农家乐休闲旅游业发展的高地，又是休闲养生产业发展的圣地。伴随着发展步伐的加快，万峰林脚下的村民们，开始从原来的第一产业从业人员，逐渐转化成第三产业从业人员。

这种转化，不仅推动了万峰林脚下村庄的经济发展、就业创业、农业功能拓展，还有利于加快实现从旅游观光向休闲养生转型。

万峰林，发展的步伐正向休闲养生产业大踏步迈进！

## 焕然一新的万峰林

万峰林的蜕变仍在延续。

从2006年到2012年底，7年的时间里，兴义市投入资金12亿余元，采取州市共建，办村联动，齐心协力，吹响了“跳出万峰林，保护万峰林，开发万峰林”的集结号。

84个月，万峰林的基础设施建设、村容村貌有84个变化。与此同时，万峰林的旅游产业在以35%的速度快速递增，人民群众人均可支配收入也在成倍增长。

朱玉夫妻在重庆生活了60余载。

2007年12月退休后，夫妻二人经常外出旅游。

此前的2005年春节，还在重庆市工作的朱玉夫妻二人，在看到胡锦涛视察上纳灰村的新闻报道后，就被万峰林的壮观独特深深地吸引。

2005年7月，夫妻俩来到万峰林旅游一周后，发现躺在万峰林怀抱中的兴义这座小而精的山城，风景秀丽、民风淳朴、空气清新，气温比重庆要少十几度，而且房价特别低。

在各种优越条件的“诱惑”之下，夫妻二人决定，退休后告别全国“四大火炉”城市之一的重庆市，举家搬至兴义市安享晚年。

2008年10月，夫妻二人如期履行承诺。

他们在处理了重庆的家产后，来到兴义市民航大道买了一套非常中意的商品住房，开启了夫妻二人的晚年生活。

来到兴义这座城市生活后，夫妻二人每周均相约至万峰林徒步，亦或骑自行车、品尝将军桥附近的蛋炒饭。

每周，夫妻俩都在关注万峰林景区的变化。

村庄和景区的每一个变化，在朱玉夫妻二人的脑海里都烙下了深深的印记。“2012年初春时，万峰林景区和所有村庄的基础设施建设、房屋改造等，与他们刚来兴义居住的时候相比，均发生了巨大变化。”

万峰林景区基础设施变好了。

按照国际标准新建了20多公里景峰大道、旅游观峰环线，新建了占地128亩的徐霞客广场、游客服务中心、三角梅凉亭、五星级公厕和地质公园博物馆等基础设施。

昔日，景区入口如蜘蛛网的电缆电线，已全部入地。

旅游观光车由2004年的4辆增加到60辆，日运送旅客能力从100多人上升到2000多人。昔日，20平方米的售票处，现已变成了300多个平方米，并设置了规范的售票窗口。同时，还开通了景区至兴义机场的公交车线路。

万峰林的山峰变绿了。

从2006年3月12日开始，每年的“植树节”和雨季，兴义辖区的州市直机关干部、驻地武警官兵，青年、学生、职工志愿者共6000多人，到万峰林栽树、播种、除杂、追肥。

同时，他们还发动农民在退耕地上大种枇杷、桃子、李子等生态、经济双赢的果树。如今，峰林丛中再也没有了村民砍柴、拓荒的身影，光秃秃的山峰已被种上的松树、经果林逐步掩盖，昔日干涸的小溪开始涓涓细流。

纳灰河里的河水变清了。

从2006年5月开始，兴义市对纳灰河的垃圾等污染物进行清理，并在纳灰河两岸栽柳种树，30多公里河岸和16公里游道实现美化与亮化。

如今，垃圾没了，漂浮物没了。不少村民已开始来到河边洗衣服、洗菜等，遇到太阳天气，还时不时的用手捧起河水洗一把脸。

田间地头的土壤变好了。

污染蔬菜变成了绿色蔬菜，人们不再舍近求远。

每到周末，不少市民争相到地里采摘蔬菜、采摘草莓。

村庄变得越来越美了。

从 2006 年开始，兴义市在鱼龙、乐立、上纳灰、下纳灰、落水洞等 7 个布依村寨美化民居 500 多栋，并把 15 公里“水泥路”改造成有标线的“等级路”，形成“线与点、山水田园与民族风情组合的特色旅游景观。”

如今，无论走进上纳灰村、下纳灰村，还是鱼龙村，出门就是整洁的水泥路，路旁的繁花争奇斗艳，村容村貌如花园。

在阳光的照射下，垂柳依依、古榕环抱，一栋栋独具特色的布依民居掩映在万峰丛林下，一幅迷人的山水田园画卷尽收眼帘。

村庄“两违”建筑和污染企业没有了。

兴义市组建的“执法队”依法依规，对万峰林 100 多平方公里内的砖厂、纸厂、骨焦厂、铁厂等一批污染企业实施搬迁，并对 18 个砖瓦窑、砂石厂进行封闭，对与景区形象不协调的现代建筑和“两违”建筑进行了强行拆除。如今，万峰林再也没有污染企业和“两违”建筑物。

空气变得越来越清新了。

村子里再也没有炊烟袅绕，田间地头再也没有村民烧秸秆的现象。在这里，晴天头顶蓝天白云，下雨天也很难看到有雾出现。

走在景区和村庄道路上，臭味没有了，污水也没有了，迎来的是一股股清新的空气，以及村民们脸上幸福的笑容。

村民们的整体素质提高了。

以前，为争田地边界而争吵不休、打架斗殴的事件很少发生了，乱扔垃圾、乱泼污水、随意吐痰的现象没有了，不支持相关部门工作且随意煽动村民闹事、组织村民上访的事件再也没有发生了。

村民们所想的、所做的，是一心一意谋发展，兢兢业业做产业。焕然一新的万峰林，以崭新的姿态和积极向上的精神风貌，举办了一场接一场的盛大活动。

2005 年 5 月 1 日，由黔西南州委、州政府和贵州省文化厅、省旅游局联合主办的《龙狮舞盘江》活动在万峰林举行。

2006年4月1日，“国酒茅台杯”2006多彩贵州旅游形象大使选拔赛兴义赛区海选赛在万峰林举行。

2006年5月2日，以歌颂万峰林、赞美兴义秀美山川为主题的“峰林欢歌”文艺演出在万峰林举行。

2006年10月1日，中国·兴义金秋万峰林旅游节开幕式及大型文艺演出活动在万峰林举行。

2007年5月5日，“黄果树”杯贵州舞蹈大赛兴义赛区海选赛复赛在万峰林举行。

2008年6月6日，改革开放30周年献礼大片《绝地逢生》电视剧，在万峰林举行开机仪式。

2008年7月10日，“听多彩之声、说魅力贵州”全国50家广播电视台著名节目主持人，入黔采访大型直播活动第三场直播节目《感受山水长卷，体验中国金州》，在万峰林准时开播。

2008年10月6日，电影《小群的万峰林》在万峰林举行杀青仪式。

2008年10月10日，全国山地运动会开幕式在万峰林举行。

2008年10月30日，十月杂志社兴义文学创作基地揭牌仪式在万峰林举行。

2010年11月23日，万峰林全国徒步大会群众休闲徒步活动在万峰林举行。

……

亮相越多，万峰林在全国的影响力也越来越大。

2006年12月，万峰林被中国《国家地理》杂志评为中国最美丽的五大峰林之一。

2009年1月，万峰林景区被全国旅游景区质量等级评定委员会评为国家AAAA级风景名胜区。同时，中国旅游电视协会把万峰林列为“中国最令人向往的地方”。

……

万峰林已全面突破了生态环境恶化的瓶颈，正以矫健的步伐迈向既要加快发展、转型发展，又要保护好生态环境的快车道。

## ■“我想给胡锦涛写封感谢信！”

十四年前，时任中共中央总书记、国家主席胡锦涛来到万峰林，来到纳灰村，慰问基层各族群众，并到岑志兴家与布依族同胞一起打糍粑、过大年。

十四年过去，岑志兴家的日子怎么样？

2019 年 3 月 2 日，笔者来到了上纳灰村。

走到岑志兴家门口，首先映入眼帘的是挂着大红灯笼的三层漂亮楼房。院门处，挂着一幅木制的对联：“跟党同行九州百业传佳讯，与时俱进千家万户奔小康”，横批“振兴中华”。

客厅大门两侧，也挂着木制的对联“安居乐业党恩深似海，古寨农家游客涌如潮”，横批“山欢水笑”。

堂屋的墙上，挂着当年胡锦涛在他家过大年的照片。这张照片，被岑志兴精心裱糊之后，一直挂在他们家最亮堂的地方。

这张照片，不仅是他家的“宝贝”、全村的“宝贝”，更是兴义市，乃至黔西南州和贵州省的“宝贝”。

在他家院里的左侧，一帮外地游客正在喊着号子打糍粑，两个年龄 60 多岁的先生一边看着打糍粑，一边向岑志兴打听当年胡锦涛打糍粑的经过，十多个中年妇女拿着手机换着角度拍个不停。

“总书记好！”

“乡亲们好！给乡亲们拜年！”

……

十四年前的情景，岑志兴依旧历历在目。

他说，2005 年的那顿年夜饭，是他一辈子无法忘怀的温馨记忆。总书记与他们一家围桌而坐，谈发展、谈增收、谈孩子的教育……

“胡锦涛要我好好培养两个孩子，要我好好发展经济，带动乡亲们脱贫致富。”岑志兴说，他牢牢记住了总书记的话。从那以后，无论有多难，他都竭尽全力支持两个孩子读书。

“我女儿现在是一名医生，儿子是一名公安民警，两个娃娃工作都很努力，深受他们单位领导和同事们一致好评。”岑志兴十分欣慰。

“我们家的农家乐餐馆生意也红红火火。原来做运输生意时，担着风险每年最多也就是一两万元的收入，现在的收入可好了，是原来的 20 倍都不止呢！”

岑志兴的幸福之情溢于言表。

在岑志兴家客厅谈话间，其两岁多的孙子从外面慢慢走了进来，向岑志兴直呼：“爷爷，我要牛奶。”

岑志兴走进里屋，从冰柜里拿了一盒新鲜的牛奶插上吸管递给了他的孙子后，便兴高采烈地对我说：“这是我儿子家的娃娃，由于他在 100 多公里远的晴隆县基层派出所工作，离家远，工作特殊，媳妇也有事做，两口子根本无法照看孩子。孩子出生以来，基本上都是他跟妻子带。”

说起胡锦涛的关怀，岑志兴异常激动。

他说，十四年过去了，他依然不时梦到胡锦涛来到他们家，满面笑容与他们亲切交谈的场景。

有时候梦醒了半天，岑志兴还清楚记得胡锦涛在问：“小岑，生活怎么样？过得好不好？有什么困难没有？要好好干，带领乡亲们脱贫致富……”

现在，村里的农家乐发展非常迅速，这不但解决了许多村民就近就业的问题，还给当地村民们发展有机农业产业带来了稳定的经济收入。

“如果没特殊情况，村里的农家乐用的几乎都是乡亲们种的有机蔬菜和有机大米。既方便了我们，也给发展有机农业产业的乡亲们带来实实在在的实惠。”岑志兴如是说。

这种实惠，让不少村民甩掉贫困“帽子”的同时，还住上了小洋房，开起了小轿车。

此间，一群辽宁的游客走进院子来。

岑志兴赶紧走向前去。一位70多岁的老人，拉着他的手发问：“当年，胡锦涛在院子里坐的位置是不是那里？打糍粑打了多久？那根打糍粑的棒子还在不在？”

岑志兴一一回答后，老人又问：“能不能让我看看那糍粑棒，我想拿起照个相？”

岑志兴走进堂屋，从柜子里取出糍粑棒，递到老人手中时，老人激动不已。他睁大双眼反复翻看，嘴里直喊他儿子和儿媳给他拍照。

“十四年来，来看这根糍粑棒的游客不低于10000人，有的只是拿着拍下照，有的也会拿着打一下糍粑。当然，有的还有想买走的念头。”

“现在，村里的生态环境治理好了，基础设施也改善了，我们吃的、穿的、住的什么都不愁，这好日子完全是因为当年胡锦涛的关怀，以及国家的各项惠民政策，感谢党中央！感谢各级政府！”岑志兴如是说。

在当年胡锦涛提出的“保护好万峰林生态环境”的指示精神下，在各级政府领导一届接着一届的治理下，以及在村民们的保护下，如今的万峰林青山绿水，空气清新。

“我想写封信感谢胡锦涛，告诉他万峰林生态环境的巨大变化，以及我们村过上幸福生活的现状，让他放心！同时，我也想邀请他再来万峰林看看，再来上纳灰村尝尝我们的布依特色农家饭。”岑志兴说。

# 第四章　魅力四射的万峰林

党的十八大和十八届三中、四中全会对生态文明建设作出了顶层设计和总体部署，强调紧紧围绕建设美丽中国加快生态文明建设。

此时的万峰林，生态环境在历经了发展后被破坏、治理后又恢复的艰难历程后，在“贵州精神”的鼓舞下，重新走出了一条不同东部地区，也不同于西部地区的“既要金山银山，也要绿水青山”的可持续发展之路。

2013 年以来，这条路在一届接着一届的“中国美丽乡村 · 万峰林峰会”、国际山地旅游暨户外运动大会活动的推动下，路基变得越来越坚固，路面变得越来越宽广。

## “美丽乡村”高端峰会的推手效应

作为刚刚突破发展瓶颈的万峰林，如何打造好“贵州精神”的升级版，引领万峰林广大人民群众走出一条“既要绿水青山，又要金山银山”的可持续发展道路，是摆在当地党委、政府面前急需破解的一道难题。

2012 年 11 月 8 日，习近平总书记在党的十八大报告中指出，建设生态文明，是关系人民福祉、关乎民族未来的长远大计。

习近平强调，面对资源约束趋紧、环境污染严重、生态系统退化的严峻形势，必须树立尊重自然、顺应自然、保护自然的生态文明理念，把生态文明建设放在突出地位，融入经济建设、政治建设、文化建设、社会建设各方面和全过程，努力建设美丽中国，实现中华民族永续发展。

2012 年 12 月 31 日，中央一号文件也把加强农村生态建设、环境保护和综合整治，努力建设“美丽乡村”作为“三农”工作的重中之重进行安排部署。

中国要美，农村必须美。

美丽乡村建设，是新农村建设的升级版，是城乡一体化的必由之路，是新时期亿万农民的中国梦，更是一项充满挑战与创新的生动实践。

对于万峰林艰难走出来的发展路子，曾在央视从事多年媒体工作的张政到黔西南州工作后，他多次深入到万峰林一线进行详细调研，发现万峰林的发展虽然取得了不少成绩，但也存在不少短板。

张政认为，要想让万峰林发展的道路走得更稳更快，必须要借鉴全国各地发展的成功模式，然后站在全国的高度重新构建万峰林发展体系。

和张政不同的是，龙长春有着铁腕书记之称，其先后主政过贵州沿河、松桃、铜仁、瓮安等地，成绩卓著。

2009 年 1 月，龙长春被评为《决策》杂志十大地方决策新锐人物。

2011 年 3 月，龙长春任黔西南州委副书记、州人民政府州长后，继续发扬以往的工作作风，对于决策的事项，他总是雷厉风行，务必落实到位，是一位落实力、执行力非常强的领导干部。

和张政更不同的是，杨永英不仅是位执行力、落实力非常强的领导干部，而且还是位农业专家。

2006 年 10 月至 2011 年 11 月，她在担任贵州省长顺县县长、县委书记期间，立足“农业大县也精彩”的县情，坚持用工业化的理念抓农业，以“稳粮、优烟、扩果、强畜、兴菜、育林、增茶”为工作思路，建设了一批主导产品、龙头企业、服务组织、商品基地，探索出了一条科学发展、符合山区实际和群众意愿的跨越式发展之路，当地人民群众称她为长顺县高级农业专家。

2012年12月底中央一号文件印发后，农业部当即在全国启动“美丽乡村”创建活动。张政闻讯后，决定抢抓这个难得的机遇，充分利用自己曾经在媒体工作的各种丰富资源，千方百计把国家农业部“美丽乡村”创建活动等的举办搬到万峰林来，让全国各地的各类专家、学者齐聚万峰林，为万峰林的发展提对策、找路径。

而此时，龙长春、杨永英正在思考万峰林在保护好生态环境的前提下，如何实现跨越发展的路子？

三位领导心往一处想，劲往一处使，推出了一条完整的、不可多得的万峰林发展思路——每年在万峰林举办一届“中国美丽乡村·万峰林峰会”。

举办峰会的目的在于，通过搭建一个开放、广阔、包容、高端的交流与合作平台，经过各位领导同志和专家学者的会诊把脉、提真知灼见、建言献策，推动黔西南州尤其是万峰林旅游引领农业产业快速发展，促进社会主义新农村建设等方面提供有益的参考和启示。

机遇总是留给有准备的人。

经过多方协调对接，在国家有关部委领导的大力支持下，国家相关部委批准在万峰林举办一年一届的“中国美丽乡村·万峰林峰会”。

为了把峰会办出水平、办出质量、办出效果。黔西南州委、州政府未雨绸缪，对一年一届的“中国美丽乡村·万峰林峰会”召开的主题等进行全方位谋划，初步确定了前三届峰会的主题及召开时间。

2013年2月26日，举办首届“中国美丽乡村·万峰林峰会”，峰会以“民生与民声——中央1号文件与百姓关注、中国美丽乡村构想与机遇”为主题。

2014年2月23日，举办第二届“中国美丽乡村·万峰林峰会”，峰会主题为“强农业、美乡村、富农民”。

本届峰会分为主体阶段和系列活动两大阶段，在贞丰县设立了分会场，举办包括旅游、农业、健康医药、户外运动、创业板块等9项活动，并持续到当年4月底。

2015年3月29日，举办第三届“中国美丽乡村·万峰林峰会”，峰会主题为“聚焦万峰林·共筑中国梦”。

2013年2月26日下午，首届“中国美丽乡村·万峰林峰会”在万峰林开幕。

全国政协副主席厉无畏宣布峰会开幕。

全国政协常委、民革中央副主席、“星火计划、科技扶贫”联合推动组组长何丕洁等，以及各民主党派中央、全国工商联、中国社科院、中国扶贫基金会、中国宋庆龄基金会、北京大学、中国人民大学相关负责同志、国内知名专家，江苏永联村、蒋巷村，北京新发地村等全国50个美丽乡村代表和新希望集团、远东控股集团等近百家企业负责人出席开幕式。

开幕式上，张政郑重表示：

——黔西南州将以“中国美丽乡村·万峰林峰会”举办为平台，努力在建设“美丽中国”上有新举措，在向全国各地著名美丽乡村学习上有新行动。

——黔西南州将以“中国美丽乡村·万峰林峰会”举办为契机，努力在贯彻落实中央一号文件上有新突破。

——黔西南州将以“中国美丽乡村·万峰林峰会”举办为载体，进一步学习借鉴全国著名美丽乡村的好经验。

——黔西南州始终坚持“合作、共赢、创新、发展”的峰会原则，建立和巩固第一批以全国50个美丽乡村为代表的乡村发展联盟，签订和发表“万峰林峰会宣言”，切实在理论研究、经验交流、项目合作、资源共享等方面取得实质性成效，努力把“万峰林峰会”打造成美丽乡村建设的交流与合作平台。

至此，“中国美丽乡村·万峰林峰会”正式在万峰林“安了家”。

## 农业如何做文化创意?

在首届“中国美丽乡村·万峰林峰会”开幕式上，全国政协副主席厉无畏作了题为《农业的文化创意发展》的主题演讲。

“随着文化创意产业发展的日臻成熟，其理念和模式为城市乃至乡村区域的跨越式发展提供了前瞻性的思路。”厉无畏说。在广大的乡村区域提出农业文化创意化的思路，其实质内涵在于，从单纯的关注农业的产能，转向全面挖掘农业的潜能和创新农业业态。

《中共中央关于制定国民经济和社会发展第十二个五年规划的建议》中提出了：要推进农业现代化、加快社会主义新农村建设，统筹城乡发展，加快发展现代农业，加强农村基础设施建设和公共服务，拓宽农民增收渠道，完善农村发展体制机制，建设农民幸福生活的美好家园。

在世界经济步入创意经济发展的时代，通过发展创意农业，转变农业发展模式，构建一个持续健康的农村产业体系将是实现社会主义新农村建设目标的一条创新之路。

厉无畏说，科技创新与文化创意并举的“双创”战略是发展创意农业的新思维，是驱动社会主义新农村建设的两大引擎。同时，科学技术是第一生产力，以科技创新驱动新农村建设已成为我国社会主义新农村实现“生产发展，生活宽裕”的主要路径。

“在创意经济时代，文化创意所释放的文化生产力也已经成为推动经济发展不可忽视的原动力。”

文化具有强辐射性、高渗透性等特征，决定了文化要素能够与科技、产业和市场紧密结合，能够推动各行各业的发展，并不断提升它们的价值，参与经济循环。

厉无畏称，科技创新和文化创意是驱动现代经济高速发展的双引擎。“文化和科技的有机融合所产生的巨大引擎作用必将为我国社会主义新农村的发展注入新的动力，带来新的变化，创造出新的价值。”

在创意经济的世界浪潮和新格局下，我们要充分认识文化软实力在社会主义新农村建设中的积极意义，强化文化创意的新理念，运用文化创意的新力量，实施科技与文化并驾齐驱的“双创”战略，在科技创新的同时注重开发文化创意，将文化资源转化为文化生产力，推动我国新农村的全面发展。

在厉无畏看来，作为创意农业，不仅仅是指生产若干创新农产品，而是要创新农业发展模式。相对于当前农业“研发、生产、加工和销售”的产业发展模式，创意农业的特色和优势在于能够整合农村“三生”（生产、生活、生态）资源，构筑多层次的全景产业链。

“只有通过创意把文化艺术活动、农业技术、农产品和农耕活动，以及市场需求有机连接起来，形成彼此良性互动的产业价值体系，为农业和农村的发展开辟全新的空间，才能实现产业价值的最大化。”

一方面，要以创意产业的思维整合各类社会文化资源为农业生产服务，提升农产品的附加值。

也就是说，在利用生物科技手段改变农产品形状、色彩和口味等物理功能的同时，融入文化元素，增加农产品的文化艺术含量。并根据市场需求，运用新理念把农产品变成艺术品，可大大提高农产品的附加值。

另一方面，要以创意产业的手法将资源转化为推动农村发展的资本。即利用农村的生产、生活、生态“三生”资源，充分发挥人的创意、创新构想，设计出具有当地文化特色的创意农产品、农耕文化博览馆和各种相关文化活动，扩大市场知名度，促进发展。

与此同时，充分运用我国历史文化源远流长，农业品种、农耕活动丰富多彩的资源，编撰、演绎各种故事，将其转化成能为农业带来增值的资本。此外，还可以结合节庆活动、纪念活动、生产活动等，以“秀”吸引消费者。

其次，要以创意产业的渗透融合功能建设农业产业链。创意产业具有很强的渗透力，能以多种形式与不同的产业相融合，形成以文化创意为核心的产业系统和价值实现系统。

就创意农业而言，以特色农产品和农业园区为核心，可以形成包括核心产业、支持产业、配套产业和衍生产业的产业群，通过创意农业带动一批产业的兴起，让人们充分享受农业价值创新的成果。

“在整个创意农业产业体系中，一、二、三产业互融互动，传统产业和现代产业有效嫁接，文化与科技紧密融合，传统的单一的农业及加工食用的农产品成为现代时尚创意产品的载体，发挥引领新型消费潮流的多种功能，也因此开辟了新市场，拓展了新的价值空间，产业价值的乘数效应十分显著。”厉无畏如是说。

在北京、上海、广东、河南、四川等地，都在倡导发展创意农业，但所进行的一些项目仅停留在发展特色农产品和良种上，或是以开发观光农业为主。它们都有待进一步增加文化含量，完善产业链，形成创意农业庞大的产业体系。

“生产发展、生活宽裕、乡村文明、村容整洁、管理民主”是我国建设社会主义新农村的总体目标。

“三位一体”发展的新要求则是“经济生态、自然生态和文化社会生态”。

无论是建设社会主义新农村的总体目标，还是“三位一体”发展的新要求，对于万峰林、黔西南州的发展都至关重要。

厉无畏认为，万峰林发展创意产业应运用文化、科技的双重生产力促进农村经济发展，以文化资源的挖掘和区域文化特色为核心，以优美的自然农业生态为依托，以高效的农业生产为基础，以提高人民生活品质为依归。

这样一来，万峰林发展创意农业不仅体现了建设经济生态文明的要求，同时也促进了自然生态和文化社会生态的发展，具有构建“三位一体”生态文明的强大功能，对于提升万峰林农业现代化水平和社会主义新农村的建设都有极大的推进作用。

对此，厉无畏认为，万峰林应调整发展思路，转变农村经济的发展方式，确立发展创意农业的新战略，制定创意农业发展的综合规划和发展的新机制。

第一，转变发展理念。创意产业是无边界产业，只有突破工农业和服务业的界限，才能充分发挥农业的多种功能，转变农村经济的发展方式。因此，要结合万峰林实际情况，改变农业发展局限于单一的生产功能，进一步全面挖掘农业的潜能，把科技、文化、产业、市场和生态环境有机结合起来，创新农业业态，实现农村一、二、三产业的协同发展。

第二，做好综合规划和具体项目的策划，提高农民整体素质。发展创意农业的关键就在于结合当地的文化特色，发挥创意，整合农村的生产、生活、生态资源，构建起较完善的产业系统，从而促进农业、农村、农民的发展。因此需要事先做好综合规划和具体项目的策划。

第三，建立城乡互动互融的推进机制，加快不同产业融合发展的促进机制。要制定一套鼓励工业企业、文化企业、科技企业投资和支持创意农业发展的政策。对投资创意农业项目的贷款给以减息贴息的优惠，给这类项目以数年的减免税待遇。要将城市的文化发展基金划一块专门支持创意农业发展中的一些文化活动和相关的创作，出台政策对帮助农村发展创意农业的人员给以奖励等。同时，实施“一种征迁政策、两种安置模式、三种创业途径”，即以农居改造、基础设施建设、村级三产开发、创意工作室布点“四位一体”为抓手，以和谐创业为特色社会主义新农村（农居 SOHO 改造）的专项政策。

厉无畏说，只有城市反哺农村，工业反哺农业，城乡互动互融，一二三产融合发展，万峰林的创意农业才能迅速发展起来，并大大推进社会主义新农村的建设。

## 中国美丽乡村的助推者

在首届“中国美丽乡村 · 万峰林峰会”开幕式上，中国农业电影电视中心 CCTV-7 农业节目总编辑赵泽琨，也作了题为《做建设中国美乡村的助推者》的主题演讲。

“中国美丽乡村 · 万峰林峰会”是全国首个以“美丽中国”为主题的高端峰会，这样高级别的峰会为何选择了黔西南？

赵泽琨说，首先是黔西南州人美。

“这里的人朴实，我觉得人美，不仅是外表美，不光是姑娘美、小伙帅，同时还在于心灵美，他们每一个笑容都很纯真，都很诚挚。这是美的一个方面。”

其次，也是最重要的方面：“这里山美、水美。我们面对的是大山、是万峰林，万峰林就像千军万马站在我们面前，可以说，在历史上是‘独一无二’的，在世界上也是绝无仅有的。

另外是万峰林的水也很美。

“发达地区的一些地方，经济发展上去了，但却是污水横流，垃圾遍野。而在万峰林这里，青山绿水，我们看到的水，全是清凌凌的水，水质可以养鱼、游泳。这样的好山好水，应该保护下来。”

赵泽琨认为，在世界独特的峰林里举办“中国美丽乡村 · 万峰林峰会”，颇有重要意义。美丽乡村建设是党的十八大提出建设“美丽中国”的重要组成部分，它关系到城乡一体化的进一步推进。

赵泽琨称，相信经过一段时期在环境、产业、素质、服务上的提升，将来我们的农村会生态环境优美、村容村貌整洁、产业特色鲜明、社区服务健全、乡土文化繁荣、农民生活幸福。

赵泽琨认为，2013 年是全面深入贯彻落实党的十八大精神的开局之年，两会又即将举行。在这个背景和时间节点上，贵州省人民政府、中共黔西南州委、州人民政府高瞻远瞩，适时抓住机遇，借助自身独特的区位、资源和人文优势，联合媒体倾力推出“中国美丽乡村·万峰林峰会”，意义重大。

在赵泽琨看来，万峰林峰会的成功举办，不仅可以借助外部资源，打造黔西南州的区域战略品牌，为建设生态中国、绿色中国搭建一个共商共谋，互助互赢的专业化平台，更重要的是，与会各位的建言献策，以及在本届峰会上取得的理论研究、项目合作、资源共享、经验交流等方面的实质性成效，为全国的美丽乡村建设提供可借鉴的意见。

工欲善其事，必先利其器。

在赵泽琨的心里，他衷心希望首届万峰林峰会的成果能为美丽乡村建设做出一定的贡献。

“中央电视台作为国家级权威媒体，长期关注三农事业发展。其中，第七套农业节目和财经频道更是在三农和三农经济方面，倾力打造传播平台和资源平台。”

赵泽琨说，本届万峰林峰会上，中央电视台七套和二套是首次联手合作。一方面，可见中央电视台对万峰林峰会的重视。另一方面，也希望发挥他们的资源优势、平台优势，切实做好服务，让大会的声音更强，为建设美丽乡村夯实基础。同时，也为西部农村经济发展，为黔西南州区域品牌建设，尤其是推动万峰林美丽乡村建设助力。

“未来几年内，美丽乡村建设将是‘三农’领域热点话题，中央电视台第七套农业节目，已经把美丽乡村建设的宣传报道作为工作重点。”赵泽琨说。

2013 年 1 月，中央电视台第七套农业节目《生活 567》栏目就推出了《美丽乡村中国行》大型电视活动，分别走进浙江衢州、贵州黔西南、江苏南通、广西百色等地，仅是在黔西南州，就制作播出了六期节目。

“我们的想法是通过电视活动，发掘典型，推广经验，为美丽乡村建设营造良好氛围。”赵泽琨说，但建设好美丽乡村不是一朝一夕就能完成的，这需要地方付出艰苦的努力，也需要社会各界的长期鼎力支持。

## ■ 湖坊村的借鉴意义

出席峰会的魏牛庚，是全国劳模、全国十大杰出村干部、高级经济师，现任江西省南昌市青山湖区湖坊村党委书记。

魏牛庚出生在农民贫困家庭，13 岁开始打工，16 岁种地种田，曾经挖过煤、修过铁路和水库，艰难困苦磨炼了魏牛庚。

在那个城乡差别巨大的年代，魏牛庚原本有很多机会进城当工人的。但为了改变湖坊的落后面貌，他毅然选择了留在湖坊，他说：“受党的教育比受父母的教育更多更深。”

1984 年，魏牛庚走马上任湖坊村党总支书记的那天，他站在党旗下，向湖坊广大村民郑重承诺：“要让广大人民群众摘掉穷‘帽子’，背上钱‘袋子’，出村不走路，住上洋房子。”

那时候，湖坊没有村办企业，缺乏集体收入，老百姓发展的产业不成规模，没有品牌，都是小打小闹……这些，就是湖坊村的穷根所在。

对于湖坊来说，仅靠发展一般规模化的产业还不行，要想斩断穷根过上好日子，办企业是必由之路。

精明果敢的魏牛庚，用自己的汗水和智慧实现着心中的理想，践行着自己向湖坊村民许下的诺言。

就这样，勤劳朴实的湖坊人，在村党支部书记魏牛庚的带领下，甩开膀子开始发展乡镇企业。

通过几年的发展，湖坊村从最早的造纸厂到1991年投产的东方制药厂，集体经济得到快速发展，村民们的腰包也因此渐渐鼓了起来。

1995年，在乡镇企业助推下，湖坊村成为江西首批“亿元村”。

进入21世纪以来，在魏牛庚的带领下，湖坊村结合自身区位特点，以科学发展观为指导，紧紧围绕深化农村改革、发展农村经济、增加农民收入、维护农村稳定大局等工作，切实加强和改进村党组织建设，着力实现党建“五提升”的目标，打造出了一个改革开放以来独具中国特色的“城中村”。

2001年，湖坊村党委确立了“工业强村、三产旺村、物业兴村、民营富村”的工作思路，作出了实现湖坊村经济转型的重大决策：

——利用村里仅剩的138亩土地建设全省首家村级工业园区，两期共建标准厂房72栋，总建筑面积达10余万平方米。到2008年，园区共引进资金2亿多元，入园企业76家，其中外资企业10家，上市公司1家，向社会提供了12000余个就业岗位。

——改建了上海路商贸、饮食、休闲一条街，先后成立了40余家宾馆、餐饮、商贸、物流、物业管理等公司和企业，促进和带动了辖区民营经济和第三产业的发展。

七年来，湖坊村累计上交国家税收近3亿元。2008年村集体经济年纯收入达2600万元，村民人均纯收入达10600元。

在魏牛庚的带领下，湖坊村由城市“补丁”成为了江西省一颗耀眼的“明珠”。

在谈到参加“中国美丽乡村·万峰林峰会”的收获与感想时，魏牛庚说，他是第一次来到贵州，也是第一次来黔西南州万峰林，现实中的黔西南州与想象中的贵州山区有很大的区别，没想到这里有这么好的山和水，这样淳朴的民族风情，保护得这样好的旅游资源。

魏牛庚称，万峰林给他的感觉是全国乃至全世界难得的一块资源，可以说是一块未被开发的“处女地”，后发潜力巨大无比。

“虽说酒香不怕巷子深，但很多时候是酒香也怕巷子深。这样好的自然风景和风貌，关键是要让别人去认识，去发现这里的资源。”

魏牛庚认为，黔西南州举办万峰林峰会恰到好处，给世人提供了一个良好的展示和交流的平台，非常有意义。

对于黔西南如何依托独特的地理优势，发展民族乡村特色产业、壮大农村集体经济，让农民的腰包鼓起来？

魏牛庚说，通过近两天的考察参观，乃至以前对贵州的了解，他认为贵州最大的问题，还是理念的问题，观念的转变问题。

“兴义市有这么好的地理和区位优势，丰富的矿产和旅游资源，感觉与其他发达城市没有多少差别，无论是路网，还是城建都规划得很好，特别是万峰林的村庄规划得很美，老百姓很淳朴，应该说是具备了经济社会发展的重要条件。”

魏牛庚认为，要推动万峰林乡村经济的快速发展，建设美丽乡村，主要是集中各方力量进行宣传，进行打造，让更多的人知道万峰林，了解万峰林，关注万峰林。与此同时，还要带动农民走农业与科技联合，农业与文化联合，农业与生态联合的发展路子。

“加强基础设施建设，大力发展休闲旅游，并在建设中保护生态，特别是原生态的东西要加强保护，全力打造富有民族特色的乡村，凸显浓郁的民族风貌，真正把游客留在这风景秀美的民族村。”

魏牛庚建议，黔西南州尤其是万峰林，在大力发展旅游休闲产业的同时，保护好万峰林的空气、土壤、水源和食品，把“空气好、风景特、风情浓”这些极好资源保护起来，走出一条真正的绿色 GDP 之路。

## 美丽乡村建设的另外意义

国家农业部党组成员张玉香，也相继在万峰林峰会上作了《美丽乡村是建设美丽中国的具体行动》主题演讲。

党的十八大提出全面建成小康社会，两个翻番，四化同步和建设美丽中国等一系列经济社会发展的新方略，这些方略给农村发展带来了发展机遇。

张玉香认为，美丽乡村建设是在农村地区建设美丽中国的具体行动，建设美丽乡村产业发展是基础，生态环境是关键，与新型农业发展密切相关。

2012 年，全国新型农业接待游客超过 8 亿人次，收入超过 2400 亿元；规模以上工业园区收入超过 3.3 亿元，城镇人员超过 2800 万，占农村人口的 6.9%，各省都依照自身的特点打造出了一批理念新、标准高、服务好、示范带动强的集居区，为建设美丽乡村发挥了重要作用。

那么，为何要抓好美丽乡村建设呢?

张玉香认为，党的十八大把生态文明放在突出位置，提出建设美丽中国的新要求，中央一号文件明确提出加强农村生态建设，环境保护和综合整治，努力建设美丽乡村。从战略和全局的高度，把建设美丽乡村作为美丽中国建设的重要组成部分。

美丽乡村建设的过程，其实是乡村自身发展的过程，也是推动城乡一体化的进程。由此不难看出，建设美丽乡村的重要意义。

——建设美丽乡村是落实党的十八大精神、推动生态文明建设的需要。

——建设美丽乡村是加强农业生态保护，推动农业农村经济科学发展的需要。

——建设美丽乡村是改善农村人居环境，提升社会主义新农村建设水平的需要。

——建设美丽乡村是有效提高农业资源利用率，走新型节约、环境友好的农业发展道路。

——建设美丽乡村是发展现代农业的必然要求，也是新农村建设理念和水平的全面提升。

——建设美丽乡村是实践农业农村经济和自身发展的必然趋势，更是落实生态建设的重要举措和必然体现，必将积极有效的促进我国城乡一体化发展战略的实施。

也就是说，发展新型农业是对经济的美化、社会的美化，能够让乡村更美丽，对于推动美丽乡村建设具有重要意义。

促进新型农业发展、建设美丽乡村是农业部的重点工作之一。

张玉香说，农业部将突出抓好规范管理、品牌教育、营造发展氛围和扩展工作领域方面工作。2013 年到 2015 年期间，将在全国选举产生 1000 个美丽乡村创建试点单位，工作中将把握四条创建原则：

第一条：以人为本，强化主体，把强化乡村的主体地位、人民群众利益放在首位，发挥人民群众的创造性和积极性，尊重他们的知情权、参与权、决策权、监督权，引导发展生态经济，积极保护生态环境，加快建设生态家园。

第二条：生态优先，科学发展，按照人力资源和谐发展的要求，遵循自然规律，保护粮食生态环境，统筹推进生态人居、生态经济、生态文化建设。

第三条：规划先行，因地制宜，充分考虑各地自然条件，经济发展水平，差异性地制定乡村发展目标，统筹搞好建设美丽乡村规划，形成模式多样的美丽乡村建设格局。

第四条：整体推进，强化整体提升和宣传发动，向社会推进一批涵盖不同区域类型、不同经济发展水平的美丽乡村建设模式。

通过四条原则，发挥示范带动作用，以点带面，有计划有步骤地引导推动美丽乡村创建工作。同时，鼓励各地开展美丽乡村建设工作，创建一批天蓝、地绿、水清、安居、乐业的美丽乡村，加快我国农业农村生态文明建设进程。

张玉香认为，万峰林山川秀美，景色宜人，资源富集，民族风情浓郁，文化底蕴厚重，为美丽乡村建设打下了坚实的基础。

“近年来，在推进万峰林新型农村经济迅速发展的过程中，黔西南州高度重视万峰林生态经济建设，充分发挥地理优势和特色，各项工作都取得了显著成效。”

张玉香称，在万峰林举办“中国美丽乡村·万峰林峰会”具有重要的意义。这个峰会所形成的观点，包括乡村代表的声音，将会有重要影响，对于推动全国建设美丽乡村，尤其是万峰林美丽乡村建设将起到至关重要的作用。

## 美丽乡村建设要处理好三个“关系网”

出席“中国美丽乡村·万峰林峰会”的中国社会科学院农村发展研究所宏观室主任党国英，也在峰会上作了《美丽乡村要科学规划合理开发》的主题演讲。

党国英说，来到兴义有三点感受：一是田园风光非常好；二是黔西南对美丽乡村的理念很好；三是这次峰会特别重要，建议以后年年举办这样的峰会。

由于党国英长时间从事调研工作，他认为美丽乡村的建设问题就是乡村景观如何设计的问题。

“近来，北京市郊区的一些村庄受到媒体广泛关注，原因系这些村庄现在家家户户开始圈起了围墙。的确，围墙圈了以后，不仅改善了村庄的社会秩序，也改善了老百姓的生活质量。”党国英说，但从建设美丽乡村角度出发，这种圈围墙的做法从何来谈景观设计?

在党国英看来，我们国家目前的植被覆盖率在不断扩大，但一些田园景观也有空气的污染，这就要科学规划，合理开发。

关于如何建设好万峰林脚下的美丽乡村，党国英认为，要着重处理好三个方面的关系：

第一方面：要处理好美丽乡村与农业现代化的关系。例如：专业农户就不应集中居住，欧洲一些国家对这点专门立法规定，专业农户一律分散居住，且房屋设计有差异。

第二方面：要处理好美丽乡村建设与土地承载力规划的关系。例如：所有居住在万峰林的群众是否能完全依靠旅游业？根据他多年的研究表明，一个人开度假山庄需 20 张以上床位，一年下来的收入才能和城市人口经济状况一样。也就是说，要想缩小城乡差距，全国需要专业农户 3000 万。万峰林这么美好的景色，不能搞那种守着贫穷保护原生态的憨事，既然有人想来感受原生态，就得让他掏钱。

第三个方面：要处理好美丽乡村建设与产权和城乡建设的关系。

## 外国专家眼里的万峰林发展路径

联合国世界旅游组织现任特聘专家艾瑞克虽然第一次来万峰林，但他对贵州经济社会发展情况并不陌生。

在峰会上，他说，从 2000 年到现在，贵州非常重视旅游产业的发展，举办了一些论坛和会议，比较重要的是 2006 年举办的乡村旅游经济发展论坛。

通过这些论坛和会议的举办，这些年，世界银行和世界旅游组织以及中国国家旅游局对贵州省的旅游发展都非常重视，他们将重点推广的目标放在了贵州省。

艾瑞克认为，贵州拥有优秀的自然旅游资源，再加上通过举办一系列的论坛和会议，随着宣传推介的力度加大，贵州的乡村旅游产业在中国处于领先地位，也为全世界发展乡村旅游树起了典范。

那么，万峰林如何才能发展好乡村旅游产业？

艾瑞克认为，要从最基本的做起，既参照宏观的理论，又结合自己的实际。首先，应该从政府的角度理解旅游真正的含义是什么，并让广大村民真正理解旅游的含义。

“按照我的理解，旅游是一个造梦的工程，也就是帮助人民实现自己梦想的过程。”艾瑞克称，比如说用讲故事的方式，就是一个比较吸引人的方式。万峰林有美丽的山水田园风光，新鲜的空气，独特的气候，这些可能就是在大城市生活的人们向往的一个生活。

在艾瑞克看来，中国的发展日新月异，以前一些传统的旅游模式可能已经不能适应现在的发展了，这就要求黔西南州尤其是兴义市要为万峰林寻找新的发展模式。

艾瑞克建议，随着人民生活水平的提高，出境旅游的人数不断的增加，黔西南州尤其是兴义市政府应该组织团队去国外看看，参观学习借鉴在发展旅游中，需要注意达到国际化旅游标准水平的各种条件。

“乡村旅游资源的开发与发展，将会在未来帮助全世界人民实现一个参观者的梦想。”

艾瑞克说，万峰林发展乡村旅游，应多学一些国际上的经验，国外比如巴黎、马来西亚等地的乡村旅游经验，国内四川省的乡村旅游开发经验等。

与此同时，艾瑞克还建议，兴义市要注意保护万峰林地方民族资源，避免在企业投资景区景点中，通过修建一些商业建筑而破坏当地的自然资源，从而产生企业盈利，村民没有参与景区的开发和收益的现象出现。

“在这一点上，可能对于政府来说，相对容易的是吸引企业投资，难的是村民有参与的、有长远利益的旅游资源开发。”

艾瑞克说，黔西南有这么多美丽的自然风景和淳朴的民族风情，政府必须充分考虑旅游资源的可容纳性，旅游人数和上限，进一步对自然资源进行保护，并建立一个可持续发展的战略目标。

“最吸引游客的地方就是这些淳朴的民风和乡亲们，以及自然资源。”

去年，中国国家旅游局在纽约的广场上曾经花了数百万元来推广中国的旅游事业的发展。在推广当中，他们用的画面都是长城、故宫等。纽约人说，这些都是他们所熟悉的，他们想看到一些不太熟悉的旅游景点。

艾瑞克称，通过纽约时代广场的这个例子可以看出，将来旅游发展的驱动力不是一些很著名的景点，而是像万峰林这样自然资源丰富、民情淳朴的景区景点。

但是，对于有很多机遇的黔西南州而言，还有很多需要提高的地方。比如说，现在的旅游景点还没有用英语在网上进行详细介绍，这点还需要尽快的完善。

“我也想通过万峰林的乡村旅游资源，来挖掘中国最美的 5 至 10 个旅游资源，通过规模化的发展，吸引更多的国内外游客。”参加峰会的吴惠芳如是说。

吴惠芳是江苏省永联村党支部书记。

来到万峰林的吴惠芳，在感到非常的高兴同时，也有一种冲动和纠结。他说，农村发展，到底需要干些什么？思考些什么？抓些什么？

为此，吴惠芳从一个外地村干部的角度，对万峰林的发展提了一些路径、对策和建议：

第一点，发展旅游到底为什么？旅游这个产业是净旅游而做，还是真正把发展旅游的落脚点放在发展农业、农村、农民的切身利益上，也就是发展旅游业的主体是谁？吴惠芳说，在苏南模式中，采取的就是始终把农民放在发展旅游的主体地位上。新农村建设主体其实也是村民、村委会，城乡一体化的主体才是政府。

第二点，如何在发展旅游业的过程中，切切实实的保护、维护、发展村民的利益？在永联村的实践中，共建、共享是农村发展富裕的根本途径，就是把农民的、农村的集体资产转化为集体资本，把集体资本转化为企业的集体股份，通过股份来共享这片土地上的发展成果。对于万峰林这里，吴惠芳希望未来的发展中，不要出现山还是那座山，房子变美了，但是房子的主人却变成了外来的资本家和有钱的城市人，万峰林村寨的人虽然还有少部分存在，但也从根本上失去了重要意义。

第三点，无论是发展乡村旅游也好，还是发展地区旅游也罢，都要切实保护好生态环境，保护生态面貌，更重要的是保护村民淳朴的思想、道德、品德和作风。因为，经济发展了不等于精神就文明了，经济不发展的时候，乡村还比较淳朴，当我们走出去、引进来之后，随着资本的进入，经济的发达，农民的世界观和价值观也必将发生变化。如何在保护生态环境的同时，保护当地农民善良的品德，淳朴的民风，这就要求我们积极思考，如何在发展经济当中构建好社会主义道德体系，培育健康的价值观。

第四点，要积极引进外资进行建设，不仅要有旅游景区，还要有房产、宾馆和饭店等。万峰林是一个民族特色非常浓厚的地方，地域特色也非常显著，要在改天又换地，变化聚山河的同时，积极探索保留一片民族风情、地域特色，独有自然资源的地方。

第五点，搞美丽乡村建设，奢侈不是美丽，浪费不是美丽，不是越大越好，要在科学发展观指导下，科学规划，确立科学的美丽观，走节约绿色生态发展之路。

## ■ 六张牌

深圳中国国际旅行社有限公司董事长吴斌在峰会上说，他是 2004 年 4 月才知道万峰林的。那时，他的公司与贵州青旅一起共同承接了从深圳飞往兴义的旅游包机，当年黔西南州和兴义市对广大珠三角、港澳游客来说是完全陌生的，更不知道来旅游看什么？玩什么？吃的怎么样？住的如何？

为了更好地服务游客，吴斌和同事们组成了工作小组，提前飞来兴义实地考察，了解万峰林等景区景点的“吃、住、行、娱、购、乐”业态。

来到黔西南州后，吴斌惊奇地发现，具有“中国金州”之称的黔西南是如此的美丽，简直是世外桃源，除了有一大批国家重点的风景名胜区、水利风景区、地质公园、森林公园、工业旅游示范区，还有省级风景名胜和自然保护区共 11 个，其旅游资源、文化资源在中国的地级城市中屈指可数。

更难得的是，除了世界锥状喀斯特地貌等大自然遗产外，还有一大批承载着厚重历史文化的古迹、遗址和无数可挖掘开发的布依族和彝族等少数民族节日、艺术、工艺、戏剧等国家级非物质文化遗产，以及丰富的文物和考古资源。

在吴斌看来，当时的 2004 年，还没有今天这样好的交通条件。今天的黔西南州，境内的南昆铁路、镇胜高速、关兴高等级公路和 324、320 国道，加上兴义机场和未来的西南水运出海通道工程的完成，黔西南州已全面构建了“水、陆、空”的交通体系。

这一体系，无疑给黔西南州推进乡村休闲旅游、建设美丽乡村奠定了坚实的基础。

这个难得的重要发展机遇，再加上党中央和国务院的三个重要文件，黔西南州的各级政府、企业和百姓应该如何把握？

吴斌认为，从 2005 年起，旅游业已是全世界第一大支柱产业，比石油、汽车产业还要大。2012 年，中国人国内旅游的人数已经超过 29 亿人次，全国旅游收入达 257 亿元。其中，中国的乡村旅游成为国内旅游的主战场和居民消费重要领域。

据不完全统计，每年大致有 6 亿人次在乡村旅游和度假消费。到 2013 年，估计要突破 7 亿人次以上，这可是个大市场。

那么，万峰林如何才能发展好乡村旅游呢？

吴斌认为，万峰林发展乡村旅游应打好“六张牌”：

第一张牌：兴义市人民政府应该根据国务院三个文件精神和贵州省人民政府的相关政策，重新对万峰林的旅游休闲产业作出新的战略规划和设计，快速判定并出台产业扶持政策和措施，以确保“强农、惠农、富农”政策的真正落实。同时，兴义市人民政府进一步加大万峰林的基础设施建设和旅游营销推广的投入，并积极争取民营资本、央企对旅游休闲产业的投入和参与。

第二张牌：积极推动并整合资源，对万峰林旅游休闲产业的大、中、小、微型旅游休闲项目，进行有机结合和互为拉动、推动。布局好旅游休闲一盘棋，及时追踪并解决好各种问题和矛盾。在此基础上，还要坚持不懈地教育广大企业和广大农民、村民，高起点配合和落实各项低碳环保绿色的政策和措施。在大力发展旅游休闲产业的同时，绝不影响万峰林的空气、土壤、水源、食品，绝不牺牲分厘的大自然环境。

第三张牌：在建设美丽乡村时，应充分围绕“吃、住、行、游、购、娱”等要素，彻底改变乡村“不文明、不卫生、不环保、不健康”的陋习。让第一产业、第二产业充分转型升级至绿色环保而可持续发展，让现代农业变得更生态和谐，全面反哺旅游休闲产业。

第四张牌：应持续吸引和招聘旅游休闲行业的各种专业人才，鼓励和支持大学生回乡创业。同时，资助万峰林街道办事处的广大干部去国外一些景区景点考察学习，带着问题去，满载经验和教训回来，在万峰林实践和探索。

第五张牌：万峰林在美丽乡村建设中，要鼓励农民把土地、林地集中起来，流转起来，综合开发利用起来。用专业合作和股份制等多形式带领村民共同致富。同时，应坚持差异化、个性化，切勿把乡村建成城市。

第六张牌：边建设边开发市场，充分利用各种科技手段和媒体，加大万峰林的宣传和推广。让企业和农民在投入中得益，在得益中加大收入。同时，政府应下大力推动客源市场，实行“先近后远，先周边城市、省份和沿海城市，后港澳台和海外市场”的营销模式。

## 50 个乡村的联盟

就在首届“中国美丽乡村·万峰林峰会”开幕的第二天，北京新发地村、江苏永联村、贵州上纳灰村等全国 50 个美丽乡村的代表在万峰林宣布正式结成发展联盟。

联盟成员将在发展中关注乡村民生，促进地方经济社会发展，交流成功经验，共同建设美丽乡村和美丽中国。

新发地村是北京市民名副其实的“大菜篮子”“大果盘子”。经过 30 年的建设和发展，新发地村蔬菜市场占地面积 1520 亩，总建筑面积近 21 万平方米，有管理人员 1700 多名，总资产达 40.6 亿元。

在经营品种方面，新发地村蔬菜市场主要经营蔬菜、果品、种子、粮油、肉类、水产、副食、调料、禽蛋、茶叶等农副产品，是一处以“蔬菜、果品、肉类”批发为龙头的国家级农产品中心批发市场。

这个国家级农产品中心批发市场，有固定摊位 5526 个、定点客户 8000 多家，日均车流量 3 万多辆（次）、客流量 5 万多人（次）。高峰期日吞吐蔬菜近 1200 万公斤、果品近 1500 万公斤。

2009 年，这个国家级农产品中心批发市场各类农副产品总成交量达 90 亿公斤，总成交额达 302 亿元，交易量、交易额均名列全国第一。

这就是新发地村为何成为全国美丽乡村代表的重要原因。

被称为华夏第一钢村的永联村，于 1970 年由长江边近 700 亩芦苇滩围垦成陆建村，曾是张家港市面积最小、人口最少、经济最落后的村。

改革开放以来，永联村在村党委书记吴栋材的带领下，依靠党的农村政策和“敢破敢立、自强不息、团结奉献、实干争先”的永联精神，抓住各种发展机遇，历经“以工兴村、轧钢富村、并队扩村、炼钢强村”等阶段，已发展成为苏南地区面积最大、人口最多、经济实力最强的行政村之一。

据说，在全国60万个行政村中，永联村经济总量排名前三，上缴税收排名前二，是全国美丽乡村名列前茅的一个行政村。

上纳灰村成功地与永联村、新发地村等50个美丽乡村联盟，标志着上纳灰村将会学习借鉴永联村、新发地村等50个美丽乡村发展的成功经验，补齐发展短板，拉长发展长板。

“中国乡村在未来的发展中需要发出自己的声音，纠正社会中的一些误解，让美丽乡村沿着一条较直的路走下去。”黔西南州委书记张政认为，中国美丽乡村的联盟，将为中国乡村发展起到积极的促进作用。

“中国美丽乡村联盟的建立，对于中国下一步打造美丽乡村乃至美丽中国具有历史意义。”

联盟会议上，首批中国美丽乡村联盟的3位代表正式对外发布了联盟的理念。

“尊重自然、顺从自然、保护自然的生态环境和文明理念，大力发展生态农业，提升农民生态文明建设理念和科技水平，使农民真正成为美丽乡村建设的主体……”

当天，中国美丽乡村联盟在万峰林山脚下建立永久性会址，确定“中国美丽乡村·万峰林峰会”为长期交流与合作的平台。

## 万峰林峰会的多元价值

在首届“中国美丽乡村·万峰林峰会”取得丰硕成果的基础上，

2014年2月23日，人气越来越旺的万峰林又迎来了第二届“中国美丽乡村·万峰林峰会”。

第二届“中国美丽乡村·万峰林峰会”以“美丽乡村”为主题、以“聚焦万峰林·共筑中国梦”和“强农业·美乡村·富农民”等为内容的学术研讨和项目推介活动。

峰会共分为主体阶段和系列活动两大阶段，在贞丰县设立了分会场，举办包括旅游、农业、健康医药、户外运动、创业板块等9项活动，并持续到当年4月底。

就在第二届“中国美丽乡村·万峰林峰会”余热未了的时候，2015年3月29日，万峰林再次迎来第三届“中国美丽乡村·万峰林峰会”。

全国政协副主席、民进中央常务副主席罗富和出席会议。

第三届“中国美丽乡村·万峰林峰会”再次深化以“美丽乡村”为主题、以“聚焦万峰林·共筑中国梦”和“强农业、美乡村、富农民”等为内容的学术研讨和项目推介活动，以此继续探索“绿色化”发展模式，搭建展示成果、合作互惠、创新发展的交流平台，汇集社会各方智慧和力量，助推黔西南州经济社会更好更快发展。

第三届“中国美丽乡村·万峰林峰会”举办期间，还特别举行了“促流通、兴产业、富农民”黔西南州农产品产销对接暨中国美丽乡村电子商务中心揭牌仪式。

这个特殊的仪式，标志着黔西南州特别是万峰林的农产品产销对接暨中国美丽乡村电子商务中心上线运行。

“电子商务这种新型手段，对于改变人们的生产生活方式，发展现代农业和建设新农村都具有重要意义。”

国家农产品市场协会会长、农业部原党组成员张玉香认为，万峰林是个美丽的地方，特殊的自然地理条件造就了特殊的气候环境，孕育了农产品独特的品质和优良的特性，得天独厚的水土、光热资源非常适合发展无公害、绿色、有机农产品生产，特色农产品市场潜力很大。

“但由于区位、交通等不占优势，农产品外销工作还存在一定难度。”张玉香说，在这种情况下，开展电子商务，加快农产品市场开拓暨农产品外销平台建设显得极为重要，可以利用各种有利条件，通过交易会、展销会、对接会等方式，将本地优质特色农产品推销出去。

“另一方面，可以通过各种招商活动，提供优质服务，吸引国内、国外有实力、有影响力的农产品经销商、采购商前来洽谈，并建立起长期稳定的购销合作关系，并使这种合作局面常态化。”

一届接着一届的“中国美丽乡村·万峰林峰会”，不断在万峰林“上演”，给万峰林、黔西南州乃至整个贵州带来了一个接着一个的发展机遇。

## ■ 国际会议中心，Fantastic！

2013 年 10 月 8 日上午，“中国美丽乡村·万峰林峰会”国际会议中心正式开工建设，施工现场举行了简短的开工仪式，兴义市相关领导及市直属部门、下五屯、万峰林街道办事处相关人员出席，施工方代表及兴义市政协副主席吴望江分别作表态发言，兴义市委副书记、市长王天洋宣布工程正式开工。

这一项目开启的背后，有着不可回避的现实困境。

那年，尽管首届“中国美丽乡村·万峰林峰会”成功地在万峰林广场上落下帷幕，取得了很好的成效，也达到了预期的目的和效果。然而，按照黔西南州委、州政府的安排部署，每一届的“中国美丽乡村·万峰林峰会”会期正值春天，前来出席峰会的各级领导和嘉宾均坐在露天会场，相关部门时时担心天气变化而影响到峰会的继续举行。

为了更好地搭建与国内外长期交流与合作的平台，在理论研究、经验交流、项目合作和资源共享等方面取得实质性成效。黔西南州委、州政府高度重视，全力支持兴义市委、市政府按照国际标准，在万峰林附近建设一个国际性的会议中心。

通过选址，兴义市委、市政府在距兴义市城市中心5公里的下五屯街道办事处景家屯，规划建设总投资12亿元、建筑群总面积11万平方米的万峰林国际会议中心。

万峰林国际会议中心项目地点东靠万峰新区，西望万峰林，由世界顶级设计师设计，以“万峰林峰会”为背景，规划打造集国际会议中心、购物展览中心、国际五星级酒店等于一体的高端综合体。

“按照一般的工期，像万峰林国际会议中心这样的大项目需要24个月的工期，但为了第三届‘中国美丽乡村·万峰林峰会’能成功在该会议中心举办，我们成立了800多人的施工队伍，实行三班倒模式，每天24小时不停地施工。”承接万峰林国际会议中心项目的负责人如是说。

在万峰林国际会议中心项目施工期间，黔西南州委书记张政、州长杨永英数十次来到工地上调研指导工作，要求相关部门在确保安全的情况下，保质保量保时完成项目建设。

通过一年多的紧张建设，万峰林国际会议中心终于在2015年3月初全面建成投用。

这年的3月29日，第三届“中国美丽乡村·万峰林峰会”在万峰林国际会议中心开幕。

开幕式上，当来自美国、加拿大、德国、意大利、韩国、日本、加纳、埃塞俄比亚等亚非欧拉美21个国家和地区的政府官员和专家学者以及东盟中心、国际民间艺术节组织理事会等国际组织的成员和代表来到会议中心门口时，被会议中心独特的建筑风貌深深给吸引住，不少代表摸出手机拍个不停，嘴里直叫着：“Fantastic！”

“万峰林国际会议中心是比较有特点的会议中心，它就像天上掉落一堆散落在万峰林上的石块，这个设计理念来自于中科院的院士。他们到这里来，勾勒出这样一个画面，这是他们的神来之笔。是他们看到群峰林立、气势磅礴的万峰林后产生的这个构想。”黔西南州旅游局局长李韶鉴说。

根据中科院院士们的创意理念，黔西南州旅游局请来了国内的著名设计师，为万峰林景区做了规划设计。

独特的设计，造就了独特的建筑风貌。

很多来自于省城、东部地区、发达地区的城市游客，看到这个国内独有的万峰林国际会议中心时，均赞叹不已。

就在第三届“中国美丽乡村·万峰林峰会”召开期间，主办方还在万峰林国际会议中心，举办了美丽乡村建设与农业科技信息化高峰论坛、“中国美丽乡村·万峰林峰会”建设项目推介洽谈签约仪式、中国美丽乡村田园图片展、美丽乡村建设新常态与智慧农民培养论坛、“留住美丽田园”乡村旅游发展论坛、乡村梦想——2015美丽乡村建设与发展国际论坛、美丽乡村建设与通用航空产业论坛、农业部“巾帼美丽乡村梦”——关爱农村留守妇女儿童活动和中央统战部、各民主党派中央、全国工商联黔西南“星火计划、科技扶贫”试验区联合推动组系列活动，以及科技金融与创新驱动助推区域发展论坛等数十个活动。

第三届“中国美丽乡村·万峰林峰会”在万峰林国际会议中心的成功举办，标志着万峰林国际会议中心已形成一个功能齐全、设施配套、品质一流的国际会议中心。

万峰林国际会议中心，正在承接每年一届的“中国美丽乡村·万峰林峰会”的举办。

## 万峰林现代服务业开发区成立

在一届接着一届“中国美丽乡村·万峰林峰会”的推动下，各种大发展的机遇正向万峰林张开双臂。2015年3月，万峰林现代服务业开发区获省政府批准设立，实行省级经济开发区的各项政策。

万峰林现代服务业开发区的成立，凸显了黔西南州各级各部门坚定不移地守住生态和发展“两条底线”，将生态优势转为经济优势的信心和决心。

万峰林现代服务业开发区的成立，标志着万峰林现代服务业发展踏上了新征程，一个以兴义中心城区、三大景区和现代服务业集聚区为核心的统筹发展模式，正在向万峰林敞开怀抱。

万峰林现代服务业开发区的成立，昭示着万峰林现代服务业开发区未来将形成产在城中、城在景中的立体化城市发展格局。

是的，无论从区位上、资源上，万峰林现代服务业开发区都占有独特的优势，它的发展具有无限潜力。

在战略定位上，开发区按照“资源整合、产业集聚、服务共享、辐射带动”的要求，坚持市场化、规模化、融合化、集聚化和特色化发展为导向，以特色优势服务业、生活性服务业为重点领域，以产业集聚、企业集中、功能融合为路径，实践“产城景互动”理念，让景区成为城区的花园，城区成为景区的客厅，加快形成符合黔西南实际具有优势特色的现代服务业产业体系，将聚集区打造成具有区域特色和国际化水准的现代服务业综合性集聚区，使之成为全省的标杆，为把黔西南打造成辐射 200 公里半径范围内的三省区结合部区域中心创造条件。

作为“中国西部仙谷”核心区的万峰林现代服务业开发区，在功能定位上，黔西南州委、州政府将着力打造九大平台。

——建设仙谷空港物流商贸区，加快打造商贸物流平台。按照商贸带动物流、物流促进商贸的思路，依托兴义机场航空口岸，加快建设集配送、分拣、包装、仓储、运输、货代、搬运、装卸功能为一体的仙谷空港物流园区，建设航空物流基地、特色食品展览馆、特色农产品交易中心、娱乐休闲、旅游服务中心等服务项目，同步配套建设高端商贸区，打造商贸物流平台，将兴义市建成滇黔桂三省区结合部的商贸物流中心，将集聚区建成商贸仙谷。

——建设高端教育综合区，加快打造教育平台。全面整合提升优质教育资源，积极开展国际性高等教育对接合作，实现 1 所国际性高等院校落户集聚区，建设国际化、集团化、电教化、园区化的职业教育技术学院和高级中学、初级中学等教育平台。

——发展高端医疗康体保健产业，加快打造新医药健康平台。以打造健康养生仙谷为目标，构建以专业医疗机构、康复机构、医药园区为核心的健康养生产业链。

——建设“产城景”融合区，加快打造旅游平台。加快推进万峰林、万峰湖和马岭河峡谷景区深度开发，完善景区接待设施，提升景区级别，将景区打造成全国一流、世界知名的休闲度假中心和旅游胜地，营造“休闲旅游仙谷”。

——发展电子商务总部经济，加快打造数据平台。借助义龙新区大数据产业园区平台，整合提升既有和正在建设的各类电子商务平台，加快推进购物、电子货币交换、供应链管理、电子交易市场、网络营销、在线事务处理、电子数据交换、存货管理和自动数据收集系统建设，在集聚区打造覆盖全行业的电子商务平台。

——建设综合会展承接区，加快打造会展平台。按照“品牌化、专业化、国际化”的发展策略，加快完善会展服务设施，力争“硬件设施、服务机制、品牌项目、龙头企业、综合影响”达致全国一流，打造国际会议目的地城市。

——建设户外运动基地，加快打造户外运动平台。按照打造“户外运动仙谷”的战略构想，积极打造户外运动赛事品牌。进一步提升“万峰湖野钓大奖赛”等精品赛事的国际影响力，申办国际级单项山地户外运动赛事。

——建设通用航空运营中心，打造通用航空平台。充分利用集聚区的区位优势，依托旅游及相关产业发展对通用航空的市场需求，以构建通用航空全产业链为出发点，坚持市场化发展方向，积极有序推进通用航空基础设施产业服务等业态，在集聚区打造黔西南州通用航空运营服务中心。

——积极发展其他服务产业，打造金融、科技等各类服务平台。规划建设桔山国际金融港，发展互联网金融。大力引进全国性金融机构，鼓励和支持证券、期货、信托、保险、基金等非银行金融机构进驻集聚区。

根据功能定位，黔西南州将依托仙谷独一无二的优势资源，转化和吸引国内外优质资源，不断推动集聚区现代服务业向高端攀升，汇集高技术、高资本含量、高文化附加值的高端现代服务业，逐步将万峰林现代服务业开发区打造成为产业集群、资源集聚的开发区。

根据功能定位，黔西南州将逐步把万峰林现代服务业开发区打造成为中国西部仙谷的开发平台，为仙谷开放发展战略提供政策环境、资源环境，并为西部仙谷品牌培育和仙谷现代服务业体系整体发展预留开放合作空间。

根据功能定位，黔西南州将以集聚区为核心，逐步将万峰林现代服务业开发区形成黔西南州城市、产业、景观的整体功能布局，形成万峰林、万峰湖和马岭河峡谷“三景”一体化为核心的旅游产业格局，形成兴义城区、万峰林现代服务集聚区和义龙新区“三区”协调发展格局，形成“一区多点、全州覆盖”（以集聚区为核心、覆盖全州八县市）的格局，形成以集聚区现代服务业带动一、二产业发展格局。

万峰林现代服务业开发区成立以来，黔西南州各级各部门正按照开发区的战略定位和功能定位，用跳起来摘桃子的精神推进各项工作。

到 2025 年，开发区产业形态将实现向深度和广度拓展，区内服务业企业年营业总收入力争达到 500 亿元以上。城市人口达 18.5 万人，建设用地规模为 18 平方公里。建成较为完整的“8+N”产业布局体系，成为全省现代服务业集聚区的标杆。

到 2030 年，开发区产业形态将实现不断升级，形成一批在全国有影响力的服务业企业，区内服务业企业年营业总收入达到1000亿元以上，城市人口达25万人，建设用地规模为25平方公里，建成全国知名的千亿级现代服务业集聚区。

不久的将来，万峰林现代服务业开发区将成为镶嵌在万峰林皇冠上又一颗璀璨的宝石。

## 万峰林的国际山地旅游大会

什么是山地旅游？

那么，什么又是国际山地旅游呢？

任凭你在百度里如何搜索，任凭你翻遍所有资料，山地旅游都没有统一的概念。而据国内的部分专家说，法国人最早在200多年前，就有过山地旅游这一提法，他们依附阿尔卑斯山脉，较早形成了一套以攀登、探险为主的传统山地旅游实践。

然而，新时代的山地旅游则被赋予了更为丰富的实际内涵。即是以山地自然环境为主要载体，开展一系列与山地资源有关的观光、文化、运动、休闲、攀登、探险、野外考察、露营等新时代旅游活动的总称。

2013年以来，在农业部、中央电视台等的大力支持下，由各民主党派中央、全国工商联黔西南“星火计划、科技扶贫”试验区联合推动组、贵州省人民政府、欧美同学会联合主办的两届“中国美丽乡村·万峰林峰会”，通过国内外媒体的宣传推介，万峰林的喀斯特山地旅游资源和多彩的地方民俗文化，早已在国内外闻名遐迩。

2015年3月，全国“两会”召开期间，国务院副总理汪洋在贵州代表团参加审议时这样评价贵州旅游：“物以稀为贵，好山好水就是贵”。

最后，汪洋副总理加大嗓音对贵州代表团的代表说：“今年，将在贵州举办世界山地旅游大会，这是我今天给贵州送的礼，祝愿贵州新的一年更上一层楼！”

办好这个大会，选好举办地是关键。

全国“两会”一结束，贵州省委书记陈敏尔立即赶回贵阳，召集省直有关部门进行研究，确定举办山地旅游大会的地址。

会上，省直相关部门负责人在查询相关山地旅游的资料后，便对全省九个地州市进行比选。最终，省直各部门负责人一致认为：“黔西南州的万峰林完全具备举办国际山地旅游大会所需的条件。”

在他们看来，万峰林具备举办条件的原因是，万峰林曾经办过不少高规格的大会。

参加过1998年万峰林徒步大赛的人们记忆犹新，行走在原生态田野、数万座峰林丛中，更多的是心旷神怡。

在随后举行的一次次徒步大赛中，朴实无华的黔西南人民，逐渐接受了山地运动知识的教育普及。

2013年2月26日，首届“中国美丽乡村·万峰林峰会”在万峰林举办。

2013年2月27日，“中国美丽乡村联盟”启动仪式在万峰林举行，北京新发地、江苏永联村、万峰林纳灰村等50个美丽乡村代表在万峰林正式结成“中国美丽乡村联盟”。

2014年2月5日，第二届“万峰迎春美食·旅游商品展”在万峰林举行。

2014年2月23日，第二届“中国美丽乡村·万峰林峰会”在万峰林举行。

2014年11月14日至16日，“中国·黔西南环万峰林国际持杖徒步”大赛在万峰林举行。

和以往活动不同的是，这次活动规模更大，共有1500余人参赛，参赛队员分别来自美国、法国、德国、加拿大、韩国、芬兰，以及国内北京、天津、重庆、黑龙江、广东、辽宁等19个省份和60余家户外运动俱乐部。

……

从这些活动可以看出，举办国际性赛事，规划打造山地旅游目的地，黔西南州早已具备先决条件。

实际上，多年以来，黔西南州委、州政府都高度重视发展山地户外运动，重视山地旅游资源开发。通过持续努力，已在全省乃至全国形成以“万峰林”为标志的山地旅游和山地户外运动品牌。

为探索一条符合地方实际的可持续发展旅游产业之路，黔西南州委、州政府根据多年形成的品牌，高规格编制打造“国内一流、国际知名、四季多元、宜游宜居”的新时代山地旅游暨户外运动的天堂。

黔西南州委、州政府的未雨绸缪，为黔西南州取得首届国际山地旅游大会承办权奠定了良好的基础。

针对取得首届国际山地旅游大会承办权的事，时任黔西南州人大常委会主任、首届国际山地旅游大会筹备工作指挥部指挥长贺登祥并不感到吃惊。

贺登祥说：“万峰林国际会议中心是一个世界级的创意设计，独特的会议中心在国内没有第二个，在全世界也没有第二个，在这里举办国际盛会，那是必然的。”

并且，黔西南州通过举办一系列的大会，也积累了不少承办国际性、国际级盛会的经验。就因为有了这些雄厚的办会基础，首届国际山地旅游大会落户黔西南，那更是没有选择的余地。

万峰林具备举办条件的第二个原因，是万峰林具有丰富的山地旅游资源。

通常意义上，新时代山地旅游是以山地自然环境为主要载体，开展一系列与山地资源有关的观光、体验、运动、休闲、科考及文化交流等旅游活动的总称。

那么，举办国际山地旅游、打造国际山地旅游目的地到底需要具备一些什么条件呢?

国内的一些专家认为，举办国际山地旅游大会，首先要有一个国内有名的喀斯特山地景区。其次，这个山地景区必须离城市要近。

至于打造国际山地旅游目的地所需的条件，相关专家则认为，打造国际山地旅游目的地对山地资源要求极高。

首先，要有复杂多变的山体景观、山地水体、山地动植物景观、山地立体气候、区域小气候等自然资源作支撑。

其次，还要有山地居民适应山地环境所形成的社会文化生活习俗、传统人文活动，以及流传至今形成的特定文化底蕴等人文资源。

客观而言，举办国际山地旅游大会具备的条件，万峰林全都具备。打造国际山地旅游目的地所需的条件，万峰林亦早已拥有。

此外，黔西南州的喀斯特山地发育，是整个中国最为显著的，仅以万峰林为代表的2000多平方公里之内，蕴含的山地资源种类就极为丰富。并且，万峰林具有低纬度中海拔的区位优势，造就了得天独厚的气候资源，年平均气温18.7度，仅超过全球平均气温0.7度。

来万峰林旅游过的客人都知道，这里冬无严寒、夏无酷暑、空气清新，走进山、亲近水，步入大自然中就能实现山地旅游体验。

也难怪，当年行遍中华大地的旅行家徐霞客，来到万峰林脚下时，也为万峰林的雄伟壮观所震撼，发出“磅礴数千里，为西南奇胜”的感叹!

举办国际山地旅游大会，就得需要万峰林这种国际级的山地旅游资源与之对应。

万峰林具备举办条件的第三个原因，是万峰林具有丰富多彩的民族文化。万峰林这样特殊的地理环境所导致的特殊地形，必然产生特殊的文化。

在万峰林深处，你会发现，植根于这块山地的文化，在传承以及和其他文明的融合进程中，必然导致这个区域的群众对于山地运动、山地旅游的天然感知。

原因在于，山地旅游业与万峰林脚下村民们的生存息息相关，既是村民们灵魂的一部分，也是他们工作和生活的一部分。

大自然给予万峰林承办国际山地旅游大会的可能。居住在万峰林脚下的村民，长期以来一直用歌声诉说历史，用敬畏保护自然，用建筑传承文化，用服饰彰显血脉。

对于万峰林脚下的村民来说，在万峰林举办这样的国际盛事，他们一点也感觉不到惊奇。毕竟，这里已连续举办了多届“中国美丽乡村·万峰林峰会”。

你看，那距今 2.1 亿年前中三叠纪地质遗存的“贵州龙”、军阀建筑群刘氏庄园、何应钦故居等，都是依偎在万峰林这一座座的山峰之下。

还有，那热闹神奇的布依族“三月三”“六月六”、查白歌节，苗族“八月八”等少数民族村寨自发举行的“万峰林美丽乡村·好歌旅游节”等，极大地补充了山地旅游资源的丰富性、多样性和人文特征。

对于兴义市大多数市民来说，在万峰林举办国际山地旅游大会是欢欣鼓舞。

对于万峰林脚下的村民来说，在万峰林举办国际山地旅游大会是最自然不过的事情。

对于黔西南州各级领导干部来说，在万峰林举办国际山地旅游大会不仅是政治任务，更是推动黔西南州经济社会更好更快发展的一个不可多得的高端平台。

以上的三个原因，全面诠释了黔西南州尤其是万峰林，完全符合举办国际山地旅游大会这种世界级高标准大会的要求。

国际山地旅游大会的举办顺利地“落户”万峰林。

5 月 19 日是《徐霞客游记》在万峰林开篇的日子。这天，前来黔西南州参加“中国旅游日”启动仪式的贵州省旅游局局长傅迎春，率先发布了首届国际山地旅游大会举办地“落户”万峰林的消息。

选在这一天在万峰林下发布首届国际山地旅游大会举办地“落户”万峰林，不难看出其中的重要意义。

首届国际山地旅游大会“落户”万峰林，确实是一份厚礼，但它同时也是国家重大战略的一部分。

对贵州而言，这是坚决贯彻落实严守发展与生态“两条底线”的要求。

对黔西南州而言，这是“守底线、走新路、奔小康”发展路径的具体探索。

对兴义市而言，这是万峰林可持续发展将迎来前所未有的历史新机遇。

为迎接大会举办，黔西南州进行了有史以来范围最大的一次对万峰林景区软硬件设施的升级改造。

——投资1亿元建设万峰林景区西南入口大门一座、服务中心2座5894.29平方米、停车场27980平方米、广场26000平方米、道路500米、环境绿化55000平方米、公厕1座361平方米、排水管安装1000米、给水管1200米。

——投资5000万元实施升级改造工程，景区内新建8000米滨河步道，观峰道扩建8.7千米木栈道，完成景区观光车道建设8.68千米。

——投资1000万元完成万佛寺停车场服务用房2座891.58平方米、公厕1座240.1平方米、停车场4565.47平方米、绿化1950平方米。

——投资6500万元完成观光步道6000米、观景台9个、公厕3座、车道修复7.8千米、服务中心1座1257平方米。

——投资1400万元建设起点于耳寨，途经鱼龙、乐立、双生，终点于将军桥的纳灰河步道8.6千米，步道入口2处。

——投资600万元完成景区垃圾桶490套，景点介绍牌59套，道路指引牌50套，公共服务、安全警示牌103套。

——投资1.4亿元对万峰林国际会议中心进行内部装修、室外配套基础设施完善和园林景观、售票处、验票处及游客换乘中心改造等工程。

——投资1.3亿元实施万峰林脚下8个村76个村民组棚户区综合整治，亮化改造2200户，修建下纳灰村农贸市场2666.67平方米，完善路、水、电、文体、通讯、环境等基础设施。

……

黔西南州委书记张政、州长杨永英在督查首届国际山地旅游大会相关项目建设时多次强调，要求相关部门要抓住举办首届国际山地旅游大会的契机，按照“守底线、走新路、奔小康”的发展路径，变生态优势、气候优势、资源优势等为经济优势、发展优势，高标准打造国际化的万峰林，国际化的黔西南。

在黔西南州委常委、兴义市委书记许风伦看来，“如果说我们之前发展山地旅游所做的相关工作是打开了一扇扇窗户的话，那么，首届国际山地旅游大会将是面向全球彻底打开了大门。”

许风伦同时认为，万峰林不能仅限于万峰林景区这么一个局限的概念，“磅礴数千里”的万峰林绵延2000多平方公里，涉及兴义、安龙、义龙等地。

“万峰林几乎占到了兴义市国土面积的三分之二以上，与其说万峰林是兴义市的景区，毋宁说兴义市是万峰林这个特殊喀斯特山地自然景观中的一座城。”

许风伦说，万峰林是“一城三景”的总括，更是黔西南州发展旅游产业的象征，这次大会将再次擦亮以万峰林为标志的黔西南州山地旅游资源品牌。

首届国际山地旅游大会以兴义为主会场，设贞丰、安龙、晴隆三个分会场。

也就是说，大会将以万峰林为中心，包括贞丰双乳峰、安龙溶洞群、晴隆二十四道拐等在内，景区基础设施已全部按照国际标准进行了改造，提高了不知有多少个等级。

对于基础设施建设提等升级的万峰林景区也好，其他分会场景区也罢，游览质量、游览舒适度大幅提升的同时，景区的接待能力从原来最高接待游客量每天 4000 人以下，提升至 20000 人以上。

不难看出，万峰林打造国际山地旅游目的地，已走出了坚实的一步。

而此次国际山地旅游大会，不仅是由一个接一个与山地资源有关的观光、文化、运动、休闲、攀登、探险等旅游活动项目组成，而且还将极大地提高黔西南州、特别是万峰林的旅游产业发展和对外开放水平。

因为这个大会的召开，黔西南州山地旅游业发展将迎来一轮新的变化。这轮变化，将以“城市人口多起来，旅游产业旺起来”为主要指针。当然，最重要的变化莫过于人民群众生活水平的不断提升。

不久的将来，以万峰林为例，通过国际山地旅游大会的举办，以旅游业引领服务业快速发展的格局一旦形成，周围外出务工人员就业就不用离家，在家门口也能实现有个稳定的工作。

## 特殊的“考试”

首届国际山地旅游大会是党中央、国务院对贵州严守发展与生态“两条底线”的肯定，更是对贵州发挥山地旅游资源优势，做大做强山地旅游产业助推经济发展、实现后发超赶的殷切期望。

贵州省委、省政府将首届国际山地旅游大会放在万峰林举办，体现了贵州省委、省政府对黔西南州的一份厚爱，也是对黔西南州成功在万峰林举办环万峰林国际持杖徒步大会、“中国美丽乡村·万峰林峰会”等活动，拥有丰富办会经验的一种肯定。

办好首届国际山地旅游大会，对黔西南州来说，这是一场别开生面的“大考”。而大会能否成功举办，则事关黔西南州形象，事关贵州形象乃至中国形象，意义重大，影响深远。

黔西南州在历届党委、政府和各族人民的努力下，持续打造以“万峰林”为标志的山地旅游和山地户外运动品牌，取得了很好的成效。

每到假期和周末，万峰林景区总是人山人海、旅游收入年年攀升。下纳灰村凭借参天榕树、小桥流水、自然田园、房屋炊烟构成的山水长卷，旅游业从无到有，从小到大，从弱到强。许多靠从事与旅游相关的行业发了家、致了富，全村人均纯收入逐年翻番，达到 10200 元。

毫无疑问，举办首届国际山地旅游大会，对提升旅游发展水平，提高黔西南州旅游在国际、国内的知名度将起到积极的推动作用。

黔西南州委副书记、州长杨永英多次深入万峰林，对各项工作进行再安排、再部署、再督促。要求把大会办成国际一流的大会，调动各方面的资源，举全州之力筹备这次盛会，从硬环境、软环境入手，打造景区升级版，打造世界一流的山地旅游景区，把黔西南州尤其是万峰林的青山绿水、奇山秀石、独一无二的旅游资源展现出来。

号令一出，主会场、分会场所在的兴义、晴隆、贞丰、安龙四县（市）结合自身实际，各级干部群众奋战一线，服务好项目建设，施工方则抢晴天、战雨天，组织施工队伍 24 小时“三班倒”施工，争分夺秒，加快推进项目建设。

作为主会场的兴义市，则组建了筹备工作机构，制定了筹备工作方案，并于 2015 年 6 月 2 日举行了迎接首届国际山地旅游大会誓师大会。按照贵州省委、省政府主要领导的指示和要求，一切如期推行。

软硬件设施的快速度建设，深受万峰林脚下广大人民群众的拥护和爱戴。在村民们的心中，这些设施建成后，将来也是留给他们用，出门是花园，进城很方便，造福子孙后代。

在硬件、软件建设上，附近的安龙县、贞丰县、晴隆县，也下足了功夫。

“为扩大首届国际山地旅游大会的影响力、打造对外开放的高端品牌，提升黔西南州的知名度和美誉度，我们还在北京、上海、重庆、昆明、武汉、深圳、宁波等与黔西南州开通航班城市的机场、车站、港口等人群密集的区域，大规模、高规格开展‘首届国际山地旅游大会’的宣传推介活动，营造人人办会的浓厚氛围。”黔西南州人民政府副州长黄曼如是说。

迎接这场特殊的“考试”，贵州省委、省政府满怀信心！黔西南州做足了充分的准备，万峰林脚下的广大村民们，期待首届国际山地旅游大会的到来！

## ■ 国际盛宴开幕

万峰林层峦叠翠，马岭河奔腾欢歌。

2015 年 10 月 10 日，以“山地旅游 · 绿色运动 · 同向发展”为主题的首届国际山地旅游大会，在万峰林国际会议中心盛大启幕。

这是经国务院批准的中国目前唯一一个以山地旅游为主题的国家级、国际性峰会。至此，万峰林再次吸引了世界热切的目光。

来自世界旅游组织、亚太旅游协会等国际旅游机构，美国、英国、法国、瑞士、德国、韩国等 39 个国家和地区 150 余位国际知名专家学者，国家有关部委，境内外旅游管理机构、旅游企业、航空公司、金融及投资机构、主流媒体等近 1000 名嘉宾齐聚万峰林，共商山地旅游科学发展大计，共赏奇峰秀峦、如画山水。

这是一次构筑国际旅游业和山地旅游目的地高端交流平台，也是进一步普及山地生态旅游理念，推动体验式休闲养生旅游项目开发和山地旅游发展模式探索的盛会，同时更是展现万峰林优良的生态环境、优美的自然景观和浓郁的人文风情，进一步提高万峰林对外知名度、美誉度和影响力的盛会。

当天的开幕式上，贵州省委书记、省长陈敏尔说，贵州的“贵”字可以解读为中国的一个“宝贝”。贵州是山的王国，因山而名、因山而特、因山而灵。山地是多彩贵州最美的风景，也是贵州人民最美的乡愁。

贵州之贵在山地。贵州是典型的喀斯特地形地貌，全省92.5%的国土面积为山地和丘陵，平均海拔1100—1400米，年均气温15摄氏度，年均降水量800—1200毫米。得天独厚的地质条件和舒适宜人的生态环境，赋予了贵州山地旅游资源富集的明显优势，瀑布、溶洞、峡谷、湖泊、温泉，比比皆是；山奇、水灵、谷美、石秀、物华，处处成景。

绿水青山就是金山银山。伴随着交通等基础设施日趋改善，各种山地资源日益升值，贵州将更加珍贵。

贵州之美在山地。万峰林磅礴千里，西南形胜，梵净山雄奇纯净、美轮美奂，大娄山苍山如海，残阳如血，黄果树大瀑布水雾缥缈、神奇壮丽，荔波樟江清秀妩媚、旖旎多姿，织金洞形态万千、如梦如幻，百里杜鹃花开似海、异香满山……奇崖幽壑相依衬，飞瀑险峰竞风流。

唐代诗人孟郊留下了“旧说天下山，半在黔中青。又闻天下泉，半落黔中鸣”的美妙诗句。明代大儒王阳明也盛赞“天下山水之秀聚于黔中”。神奇秀美的贵州大地，穿过一个隧道，跨过一座桥梁，就是一片阡陌田园、一个古朴村寨、一条清澈溪流，能够让置身黔山秀水的游客坐下来、住下来、静下来。

贵州之特在山地。千百年来，贵州各族先民依山就势、逐水而居，山地环境孕育了观音洞文化、夜郎文化、土司文化、屯堡文化、沙滩文化、奇石文化等传统特色文化，形成了天人合一、道法自然的山地文明。

贵州的乡村都在山地，全省有426个村寨列入中国传统村落保护名录，62个村寨入选中国少数民族特色村寨名录，入选数量分别居全国第二位和第一位。生活在山里的贵州人，无论是语言歌舞、节庆习俗，还是衣着服饰、建筑风格，都浸润着独特的山地文化。

“今天的贵州，山地风光交相辉映，民族风情多彩和谐，特色风物奇异富饶，越来越成为老百姓安居乐业、投资者发展创业、旅游者休闲体验的好地方。”

2015年6月，习近平总书记在贵州视察指导工作时指出，贵州风景名胜资源丰富，素有“公园省”之美誉。他因此特别强调，贵州要把旅游业做大做强，丰富旅游生态和人文内涵。

陈敏尔认为，旅游是传播文明、交流文化、增进友谊的桥梁，是人民生活水平提高的一个重要标志。中华民族自古就把旅游与读书结合在一起，崇尚“读万卷书，行万里路”。

“近年来，贵州认真贯彻落实习近平总书记重要指示要求，秉持绿水青山就是金山银山的理念，着力推进文化旅游发展创新区建设，连续十年举办旅游发展大会，与时俱进打造贵州旅游发展升级版，努力实现百姓富、生态美的有机统一。”

在贵州省各级各部门的努力拼搏下，贵州省旅游接待总人数、旅游总收入连续保持20%以上的快速增长，旅游业呈现出品种丰富、业态创新、质量提升、环境改善的发展态势。

陈敏尔说，记得曾有一位专家指出，农耕文明时代平原最值钱；工业文明时代沿海最值钱；现在到了生态文明时代，山地最值钱。山地资源是人类共有的宝贵财富。山地旅游契合人们崇尚自然、追求健康的愿望，正以超乎寻常的速度发展，已成为引领全球旅游业潮流的重要力量。

“发展山地旅游，对于贵州守住发展和生态两条底线、推动旅游业转型升级、促进贫困地区脱贫致富、增加各族人民收入具有重要的特殊意义。”

开幕式上，陈敏尔还用“六个更加”为今后发展山地旅游业指明了方向。

——更加开放的视野、更加务实的举措，念好“山”字经、打好生态牌、民族牌、乡村牌，持续用力、久久为功，把山地旅游作为贵州旅游业发展的基本定位，着力把山地旅游打造成为具有全域全景理念的大产业、承载核心文化价值的主载体、拉动山地经济发展的增长极，努力将贵州建设成为世界知名的山地旅游目的地。

——更加注重产品业态创新，在大力发展山地景观旅游、乡村特色旅游的同时，积极探索健康养生、避暑休闲、度假疗养、山地运动、汽车露营、科普探险、修学旅行等新兴业态，加快打造重点景观和精品线路，千方百计把景点扩成景区，把景区连成线路，把珍珠串成项链。

——更加注重提升文化内涵，推动山地旅游与民族文化、农耕文化、乡村文化、工业文化、城镇文化、建筑文化等深度融合，保护好山体、水体、林体等生态细胞和民族村寨、传统村落、特色建筑等文化元素，让自然与人文、传统与现代、乡村与城镇各美其美、美美与共。

——更加注重配套服务，在千方百计保护好生态环境和传统文化的同时，千方百计提供现代硬件设施和软件服务。借助全面进入“高铁时代”和年底实现“县县通高速”的有利条件，着力构建“快旅慢游”交通体系和公共服务保障体系，提升山地旅游通达性、便捷性、舒适性，让游客感到无微不至、宾至如归。

——更加注重品牌营销，以“多彩贵州·山地公园”为主打品牌，加大境内外市场推介力度，创新旅游宣传方式，充分利用大数据手段，加快建设“智慧旅游云”，全面提升以民族文化和山地生态为核心价值的贵州山地旅游品牌，发出贵州山地旅游好声音，吸引更多海内外游客纷至沓来。

——更加注重改革开放，深入推进旅游体制机制创新，加快完善山地旅游现代企业制度、现代产权制度、现代管理制度，积极引进优强企业参与贵州山地旅游开发建设和运营，持续释放山地旅游发展活力。

此次大会是近年来国家旅游局第一次与西部省份共同主办、以山地旅游为主题的国际性会议，也是国家旅游局落实“一带一路”战略，推进国际旅游合作的重要举措之一。

首届国际山地旅游大会在万峰林举办，万峰林由此又增加了一个旅游文化国际交流合作平台，将极大地提升万峰林旅游产业的发展和对外开放的水平，让万峰林这“独一无二”的山地旅游资源得以在全世界共享，也标志着万峰林朝着世界级山地旅游目的地迈出了重要一步。

## ■《国际山地旅游贵州宣言》发布

在首届国际山地旅游大会在万峰林召开期间，来自世界 39 个国家和地区的旅游、户外休闲业界及专家学者就国际背景下的特色化山地旅游发展在万峰林国际会议中心作了深入研讨，取得具有开创性、前瞻性和引领性的成果。

会上，发布了《国际山地旅游贵州宣言》，并达成以下共识：

大会指出，山地是重要的地表形态、生态系统、生活空间，也是重要的旅游资源。

山地约占全球陆地面积的 1/4，世界 75% 的国家拥有山地，山地环境中的自然与人文资源是人类共有的宝贵财富。

山地旅游是集观光、休闲、度假、康体、娱乐、教育为一体的现代旅游形式，在全球旅游发展格局中占有重要地位，应共同推动山地旅游健康发展。

大会呼吁，良好的山地生态系统对山地国家和地区的经济、社会与环境的可持续发展有着深刻的影响和重要作用。

但是，在全球大规模的工业化推动生产力发展、创造物质财富的同时，人与山地环境的和谐友好关系也受到严峻挑战。

“加强山地环境保护，维系山地生态系统，促进人与自然环境和谐共生、持续发展刻不容缓，我们要像珍惜生命一样珍惜宝贵的山地环境。”

山地资源的丰富性、多样性为旅游业可持续发展提供了源泉，山地生态的复杂性、脆弱性告诫我们在发展的同时应树立道法自然、尊重自然与自然和谐共生的生态观，在规划、开发、管理等方面，应把对环境的负面影响降到最低程度，通过各种方式提高山地旅游参与者的环境意识。

大会强调，山是我们赖以生存的精神家园、从事各种人类活动的舞台，山地不仅具有特殊的自然地理特征，也包含独特的人类文化遗产，山地旅游应充分挖掘和体现当地的文化、历史、宗教、民族特色。

山地是当地人的生产空间和生活空间，山地旅游应该成为脱贫的重要方式，大力促进社区参与，不断改善社区居民生活。

“政府应制定促进山地旅游发展的相关政策，改善基础设施，提升公共服务，优化旅游产品，让山地旅游既能为民众带来获得感、为游客带来愉悦感，又能让青山常在、绿水长流、生态常美。”

大会认为，不同国家和地区应该以平等、包容、合作的精神，开展国际交流与合作。

“各地在山地旅游发展方面，积累了丰富经验，应进一步促进国际合作，使国际山地旅游合作平台机制化，形式多样化，共享山地旅游发展经验和商机，共同坚守生态和发展底线，让山地旅游成为保护山水、传承文化、造福民众、推动发展的重要载体。”

大会倡议，山地旅游的可持续发展需要有力的智力支撑，需要汇聚政府、商界、学界、媒体、民间及其它各界领导者、参与者开展交流与合作，传播山地旅游先进理念，分享山地旅游成功案例，汇集山地旅游实践经验，促进山地旅游政策完善。

贵州是典型的山地省，是山地旅游研究和实践的理想选择，应汇聚推动山地旅游发展的各方力量，助力建设国际一流的山地旅游目的地和休闲度假胜地。

## 旅游局长的对策

2016年9月22日，以“天人合一·山水贵客”为主题的2016国际山地旅游暨户外运动大会在万峰林隆重开幕。

这次大会与以往不同的是，国际山地旅游大会经国务院批准，首次增加了“户外运动大会”的名称，国际山地旅游大会由此升格为国际山地旅游暨户外运动大会，并且增加了国家体育总局为主办单位。

在当天的开幕式，国家旅游局局长李金早就万峰林面对丰富的山地资源，如何在发展中坚守生态底线？如何在保护中开发，如何在开发中保护？如何促进旅游与其他产业的融合发展，催生新的业态？如何开发富有当地文化、资源特色的旅游产品？如何充分调动当地居民参与旅游发展的积极性，共享旅游发展的成果等，提出了很好的对策建议。

李金早说，万峰林发展山地旅游，要积极、主动地融入“一带一路”战略，开展沿带沿路国家的山地旅游合作。沿带沿路的国家具有丰富的山地旅游资源，我们要开发双边、多边的旅游合作。

“万峰林发展山地旅游要坚持全域旅游的理念，当前中国旅游业界，都在按照习近平总书记提出的创新、协调、绿色、开放、共享五大发展理念，全力推进从景点旅游到全域旅游的转变。”李金早如是说。

“全域旅游打破以前景点景区模式，不是否定，而是在景点景区模式的基础上，继续往前走，以区域为整体，系统规划建设发展旅游，将旅游产业与其他产业更加协同、更加协调、更加有效的结合。”

李金早认为，万峰林发展山地旅游还要坚持“旅游+”的理念，将旅游与相关行业融合发展。“旅游业实际上是没有边界的产业，我们现在还没有发现有哪一个产业不能跟旅游融合。”

李金早称，黔西南州非常敏锐，在山地旅游大会的基础上，申请加了一个户外运动，很重要的就是“旅游 + 体育”，形成体育旅游、健身旅游。通过旅游与其他产业相加，催生新的业态，实现旅游靠自己单打独斗无法达到的理想效果。

其次，万峰林发展山地旅游，要深化厕所革命，优化公共服务环节。“中国正在推进厕所革命，习近平总书记 2015 年 10 月 1 日作了重要的批示，要求我们发扬这种精神，推进厕所革命。”

“山地旅游也要因地制宜，推进厕所革命，我们主张因地制宜，用当地建材建设实用的、免费的、干净的厕所。同时还要改进旅游公共资源、公共服务体系。”

“另外，万峰林发展山地旅游要以可持续发展为导向。中国自古以来崇尚人与自然的和谐、共融。”李金早说，2500 多年前，中国伟大的思想家老子说：“人法地、地法天、天法道，道法自然。”

不难看出，老子这句话蕴含了人与自然共生的哲学思想，与当今国际社会普遍倡导和追寻的可持续发展观一脉相承，生动诠释了“天人合一 · 山水贵客”是很有见地、很有深意的。

李金早认为，万峰林山地资源的丰富性、多样性为旅游业发展提供了很好的源泉。

面对如此不可多得的发展机遇，只要我们敢于创新，大胆探索，用跳起来摘桃子的精神发展山地旅游，相信在不久的将来，万峰林的山地旅游业发展将会有一个新的突破。

## 《国际山地旅游减贫宣言》在万峰林发布

在2016国际山地旅游暨户外运动大会闭幕式上，《国际山地旅游减贫（贵州）宣言》正式在万峰林发布。

《宣言》指出，兴义市在发展山地旅游中，以万峰林旅游扶贫创新示范区为载体，把群众自下而上的创造、政府自上而下的推动与市场由外而内的驱动结合起来，紧扣旅游扶贫主线，形成了“产业支撑、市场推动、合理开发、生态保护、内外共治”旅游减贫新模式，探索出一整套可供借鉴的旅游减贫模式和范例。

这些模式和范例，为山地旅游减贫与可持续发展提供了宝贵经验，具有积极的借鉴意义。

《宣言》指出，山地不仅是重要的旅游资源，也是生态环境和文化保护的重要领域，更是贫困人口的主要聚居区。

《宣言》认为，山地旅游是创造体面就业、增加收入、消除贫困和促进公平与可持续发展的重要驱动力量。

目前，包括亚洲喜马拉雅山、北美洲落基山、南美洲安第斯山、非洲阿特拉斯山等世界各山地旅游国家和地区，通过发展山地旅游促进就业、减贫、环境保护，取得了许多成功的经验。

就因为如此，减贫是发展山地旅游的重要使命和美好愿景。对此，在发展山地旅游过程中，《宣言》提出了多方面的倡议，以推动山地旅游促进减贫目标的实现。

——积极响应《联合国2030年可持续发展议程》，发展负责任的、包容的、创新的和可持续的山地旅游。

——国家和地方政府应当将减贫目标纳入山地旅游政策和战略，确保贫困和边缘社区成为山地旅游发展进程中的关键利益攸关者，共同分享山地旅游发展机遇和成果。

——树立生态优先、绿色发展的理念；积极探索乡村旅游、生态旅游、健康旅游等山地旅游形式，提高山地旅游目的地旅游价值链的可及性。

——国家和地方政府、国际组织、金融机构以及各类基金会和企业应加大对包括山地旅游基础设施、旅游规划、人才培养等方面资金和技术的支持，提高公共卫生、公共安全和应急救助服务能力。

——尊重和维护当地传统文化和习俗，维护山地资源的区域整体性、文化代表性和地域特殊性。

——加大山地旅游教育与培育，提高旅游从业者的整体素养、服务意识和职业技能，增强当地人的自信心和自豪感。

——建立合作、沟通和共享的协调机制，建立山地旅游减贫评价体系，共同推动山地旅游促进减贫目标的实现。

## ■ 户外运动的最佳基地

2017 年 8 月 16 日，秋高气爽，硕果满枝的万峰林，迎来了 2017 国际山地旅游暨户外运动大会的召开。

这次大会的主题是“天人合一・健康生活”，既有鲜明的时代特征，又有深远的战略意义。

世界的目光又一次聚焦万峰林。

大会召开期间，国家体育总局副局长赵勇对万峰林的发展提出了许多建议对策。

赵勇说，随着经济的发展、社会的进步，人民群众对健身、健康的需求已经成为生活的第一需求，这个需求就是人民对美好生活的向往。而体育旅游正是实现这一愿望的具体生动的实践，我们满腔热情地积极倡导，大力支持！

体育旅游是体育和旅游深度融合的一种新兴产业形态，蕴含着巨大的发展潜力。

赵勇建议，万峰林要把体育健身融入旅游的全过程，使旅游从传统观赏型向休闲度假型、参与体验型转变，让人民群众通过旅游达到强身健体的效果，养成终身健身的习惯，从而丰富业余生活、提高健康水平，提升生活品质。

在赵勇看来，万峰林是发展户外运动的最佳基地，但要把旅游作为体育发展的新空间，把体育作为旅游产业转型升级的新内涵，在景区增加体育设施，丰富体育健身和赛事活动，提升景区的人气、商气和财气。

“另外，还要通过体育与旅游等产业的融合发展，扶持体育特色小镇等各类体育旅游综合体，不断提高区域发展活力，不断提高人民的生活品质。”

万峰林是山地户外运动的天堂，也是体育旅游的圣地。

这里，清新宜人、风光旖旎的自然环境是健身锻炼、旅游度假等体育休闲的理想去处。

这里高山深谷，激流跌宕的多样地貌是登山徒步、攀岩溯溪等户外运动的绝佳场所。

赵勇认为，万峰林应紧紧依托贵州独特的自然环境，大力发展山地越野、露营、骑行、攀岩等形式各异的体育旅游活动，拓展体育旅游发展空间。

“我们一方面可以采取政府引导，完善措施，吸引社会力量和市场力量参与体育旅游发展。另一方面，可以从土地、税收、金融等方面入手，构建一套先行先试的新体制机制。”

赵勇称，中国目前正按照习近平总书记的重要指示，致力于体育强国建设。“中国有巨大市场潜力和广阔的合作空间。”

“我们将开放所有体育资源和体育市场，愿与世界各国一道，在竞技体育、群众体育、体育产业等方面，展开务实合作，共同分享体育产业和体育事业发展带来的繁荣，共同推动体育在人类命运共同体建设中发挥更大作用。”

具备了发展户外运动活动的许多基本条件的万峰林，正在朝着赵勇提出的对策建议不断努力。

## 国际山地旅游联盟成立

在 2017 国际山地旅游暨户外运动大会开幕的前一天，国际山地旅游联盟成立仪式在万峰林举行。

贵州省委书记、省人大常委会主任孙志刚在成立仪式上说，国际山地旅游联盟是全球第一个以山地旅游为主题的国际组织，联盟在贵州万峰林成立与贵州独特的地形地貌和山地旅游发展的需求密切相关，对贵州乃至全球山地旅游发展具有重要意义。

近年来，贵州深入贯彻落实习近平总书记系列重要讲话精神和对贵州工作的重要指示要求，坚持生态优先、绿色发展，牢牢守住发展和生态两条底线，努力走出一条有别于东部、不同于西部其他省份的发展新路。

孙志刚说，贵州自然风光山清水秀、民族风情多姿多彩，坚持把旅游业尤其是山地旅游发展摆在重要位置，着力打造“山地公园省·多彩贵州风”旅游品牌，推动旅游业持续“井喷式”增长。

孙志刚希望国际山地旅游联盟依托贵州研究、交流、推广国内外旅游业发展的好经验、好做法，积极向世界推介贵州旅游，为贵州和世界旅游业发展作贡献。

孙志刚表示，贵州将认真研究吸纳国际山地旅游联盟提出的宝贵建议，不断提升旅游业发展水平，让旅游业在全省加快发展、脱贫攻坚过程中发挥更大作用。

国际山地旅游联盟主席、法国前总理多米尼克·德维尔潘在致辞中表示，旅游业有利于维护国家与文明之间的和谐关系，有助于培育包容心态，增进广大人民福祉，促进繁荣发展。

当前，跨文化关系和跨境交流具有前所未有的重要性，在未来几年内，跨界合作和全球倡议将成为满足日益增长的旅游需求和推进环境保护工作的关键。

多米尼克·德维尔潘说，国际山地旅游联盟将秉持保护山地资源、传承山地文明、发展山地经济、造福山地民众的宗旨，助力全球各方在经济、文化、气候等领域的互相理解与交流，推动各方加强旅游业合作，共同将旅游业发展壮大。

国际山地旅游联盟副主席邵琪伟在致辞中称，国际山地旅游联盟的成立在国际旅游业，特别是山地旅游发展进程中具有开创性意义。

“联盟成员要积极推动山地旅游的国际化、产业化进程，深入研究和不断丰富山地旅游业态，正确处理好资源开发和保护的关系，为推动贵州和世界山地旅游发展作出积极贡献。”

国家民政部党组成员、社会组织管理局局长詹成付在致辞中表示，期望联盟发展成为国际山地旅游交流与合作的推动者、行业标准制定的引领者、生态文明建设的促进者和全球可持续发展的参与者，为国际山地旅游的健康发展作出积极贡献。

国家旅游局副局长杜江在致辞中要求，希望通过国际山地旅游联盟全体会员共同努力，将联盟打造成为山地旅游国际交流合作平台、发展研究平台、资源保护平台，国家旅游局将一如既往支持联盟建设发展。

## ■ 双会记

2018 年是黔西南州、贵州省在脱贫攻坚战发起总攻、夺取全胜的关键时期。

在这个关键时刻，10 月 15 日，作为承办国际山地旅游大会永久性地址的万峰林，再次迎来了 2018 国际山地旅游暨户外运动大会、第六届“中国美丽乡村·万峰林峰会”的隆重召开。

至此，两个大会在万峰林实现了高度融合，有力地让美丽乡村与全域山地旅游紧密联系了起来。

天人合一不仅是一种思想，而且是一种状态。

从2016年的“天人合一·山水贵客”，到2017年的“天人合一·健康生活”，再到 2018 年的“天人合一·高品质生活”，大会引领力持续提升，影响力不断扩大。

《国际山地旅游大会贵州宣言》已日益成为全球山地旅游业发展的重要共识，国际山地旅游联盟已日益成为促进区域旅游合作的重要力量，万峰林日益成为世界山地旅游交流的重要地标。

中国美丽乡村·万峰林峰会是推动黔西南“星火计划、科技扶贫”试验区建设的重要载体。

每一届峰会的成果，都为推动美丽乡村建设产生深刻的影响，同时也为黔西南州、贵州省打好脱贫攻坚战汇集了越来越多的资源、注入了越来越强的动力。

建设美丽乡村是提升改善农村生产条件和生活环境的重大民生工程，是推动乡村振兴的重要举措。

2018 年峰会，紧扣“聚焦脱贫攻坚，助力乡村振兴”主题，为建设好生态宜居的美丽乡村贡献智慧。

此时的黔西南州，坚持以“精心、精准、精细、精致、精彩”作为办会标准，一届接着一届办，用心、用情、用力，不断办出“新水平、新高度、新成效。”

黔西南州持续用好国际山地旅游暨户外运动大会这个高端平台，牢牢守好发展和生态“两条底线”的决心越来越坚定，在加快做大做强全域山地旅游业的道路上，步伐也越来越快。

与此同时，黔西南州还持续用好“中国美丽乡村·万峰林峰会”这个不可多得的平台，坚持以脱贫攻坚统揽经济社会发展全局，不断夯实乡村发展基础，建成了兴义纳灰、贞丰纳孔、义龙楼纳村等一批“看得见山、望得见水、记得住乡愁”的美丽乡村，为贵州省和全国推进乡村振兴提供了示范和样板。

山地旅游是繁忙的人们所向往的远方，美丽乡村则是家园、是乡愁，亦是旅游目的地。

从发展扶贫与富民产业角度而言，旅游应当去往大山与乡村。

从提高生活品质而言，我们应当走出家门去旅游。

黔西南州人大常委会主任邓家富认为，“同期两会”既是扶贫与旅游的呼应，又是远方与家园的联通，更是美丽乡村与全域旅游的有机结合。

是的，“同期两会”结出的屡屡硕果，有力地助推了黔西南州、贵州省山地旅游持续实现“井喷”，为黔西南州、贵州省打好打赢脱贫攻坚战奠定了坚实的基础。

我们相信，“同期两会”将会成为万峰林、黔西南州乃至贵州省推动全域山地旅游发展新标注。

我们坚信，“同期两会”将会成为万峰林、黔西南州乃至贵州省向全世界宣传推介新的平台！

## 庞大体量的媒介关注

在农业部、中央电视台等的大力支持下，由各民主党派中央、全国工商联黔西南“星火计划、科技扶贫”试验区联合推动组，贵州省人民政府，欧美同学会联合主办的全国首个以“美丽中国”为主题的国际化高端峰会，于 2013 年 2 月 26 日在万峰林下拉开序幕。

迄今已接连举行了五届国际高端峰会。

与此同时，自从国际山地旅游大会举办地 2015 年“落户”万峰林后，至今已连续成功举办了四届。

那么，如此高端的五届“中国美丽乡村 · 万峰林峰会”和四届国际山地旅游暨户外运动大会，到底为万峰林、黔西南州乃至贵州省的发展作出了哪些贡献呢?

六年来，“中国美丽乡村 · 万峰林峰会”围绕主题、紧跟时代，内容越来越丰富，成效越来越明显。

300 多场活动，近百个国家和地区的 25000 多名嘉宾，在这里聚焦脱贫攻坚、乡村振兴，碰撞思想、凝聚智慧、合作项目。

不难看出，峰会已发展成为统一战线服务民族贫困地区科学发展的知名品牌。

四届国际山地旅游暨户外运动大会的举办，从根本上全面提升了万峰林尤其是黔西南州旅游业的基础设施建设。

据不完全统计，2016 年以来，黔西南州斥资 145.6 亿元，按照“全域办会、突出重点、打造亮点”的思路，在首届国际山地旅游大会“一个主会场、三个分会场”的架构基础上，将会场扩展到全州 8 县市和义龙新区，100 多个项目如期完成，以万峰林为首的黔西南州各地旅游景区基础设施得到了全面改善。

会议的举办对黔西南州除在基础设施建设、招商引资方面作出了巨大贡献外，最大的贡献要算提升万峰林的知名度了。

朱学东曾任《南风窗》总编辑、新生代市场监测机构董事、传媒杂志常务副总编辑兼常务副社长、信息早报副总编辑、新闻出版署工作人员和《中国周刊》总编辑等职。

“中国美丽乡村 · 万峰林峰会”的召开，朱学东应组委会邀请参加了此次峰会。

“万峰林”这三个字，对于他来说，曾经有过印象，但不深。

2009年，朱学东曾先后到过广西和云南的许多景区采风，对于贵州，他从未来过，但听说过黄果树瀑布和了解过遵义会议会址的相关情况。

朱学东出生在江苏省常州市，虽然老家在农村，但那儿开发早，发展快，和城市也没两样。

在朱学东的眼里，贵州是一个贫穷落后的省份，万峰林更是让他没有深刻印象。

朱学东说，接到“中国美丽乡村·万峰林峰会”组委会的邀请后，由于工作的特殊性，他本想推辞的，后在央视一些朋友的介绍之下，他注意了“万峰林”这三个字。

“我到百度一搜索，那成林的山峰与金灿灿的油菜花形成了一幅丰满的山水画，太美了。按捺不住内心激动的我立马回复，一定参加此次峰会。”

在开幕式现场，朱学东举着手机向会场背后的山水风光拍个不停，并将拍到的、看到的全发在他拥有百余万粉丝的新浪微博里，转发量上万次。

“我还没见到过这么美丽的景色，完全可以说成原生态的自然美。真想有空时来这儿住上一段时间。”朱学东如是说。

除了朱学东对万峰林美好的评价外，前来参加万峰林峰会和国际山地旅游大会的各位专家、学者也在众说万峰林。

北京大学中国地方政府研究院院长彭真怀：“万峰林山好水好空气好，是整个人类的家园，是我们童年梦开始的地方。”

联合国世界旅游组织现任特聘专家艾瑞克：“万峰林有美丽的山水田园风光，新鲜的空气，独特的气候，这些可能就是大城市生活的人们向往的一个生活。”

深圳中国国际旅行社有限公司董事长吴斌：“我们惊奇地发现，万峰林是如此的美丽，其旅游资源相当丰富，简直是世外桃源，其文化资源在中国的地级城市中也是非常罕见。”

中央电视台财经频道主持人陈伟鸿：“说实话，来到了万峰林，美丽似乎变得随处可见，包括此刻我身后连绵的山峰所呈现出来的美丽和魅力，相信会震撼来到这里的每一个人。”

中央电视台第七套农业节目总编辑赵泽琨：“万峰林就像千军万马站在我们面前，可以说，历史上是独一无二，世界上是绝无仅有。纳灰河的水也很美，有些地方，经济发展上去了，但污水横流，而在万峰林这里，青山绿水，我们看到的水，全是清凌凌的水，水质都可以养鱼、游泳。这样的好山好水，应该保护下来。”

重庆天佑控股股份有限公司董事长彭兴昌：“我相信，在不久的将来，一个地处中国西部黔滇桂三省区区域中心，以万峰林为中心的国际旅游休闲城市将呈现在人们面前。”

中国风景园林界泰斗、北京林业大学教授孙筱祥：“发育最完善最完美的峰丛峰林和石林是兴义万峰林、兴义泥凼石林和云南路南石林。”

中国南方喀斯特研究院院长、贵州师范大学教授熊康宁：“万峰林是中国准备向联合国申报南方喀斯特锥状喀斯特峰林世界自然遗产候选地，其美学价值无可争议。”

中科院地理与资源研究所研究员林均枢：“万峰林从高原向斜坡地带分异清晰，发育完美，早被明朝徐霞客所重视，布依族和苗族风情更添其情趣。”

世界旅游组织著名专家戴斯蒙：“如果说张家界是上帝献给我们的一个花篮，那么万峰林就是上帝留给我们的一座花园。万峰林是人类与自然高度和谐的美丽画卷。”

……

除了专家、学者对万峰林的高度评价，万峰林峰会和国际山地旅游大会举办以来，来自世界各地的网友“疯狂”对万峰林进行点评。

央视编辑：“到万峰林不可不看天坑，就像大飞碟降落到地球上砸了一个坑一样。峰林中到底有多少天坑，至今没有精确数据。这里最神奇的是，有一片天然形成的八卦田，平卧在纳灰寨农田中央，其造型神奇迷离，如神匠打造，层叠有序。八卦田中有三个天然地漏，深不见底，被称为大地的眼睛。”

中国经济网编辑：“这是一个每座山峰都会唱歌的地方，这是一个每块田地都会说话的地方。这里奇峰如林，田坝似锦，河水如带，村寨如云，充满诗情画意，恰似一幅朴素、清丽的布依族织锦。一座座独特的岩溶孤峰拔地而起，陪衬着秀美的田园风光，展示出了人与大自然的高度和谐与融洽，纯朴的布依族人们热情欢迎您，让您前来感受这里的悠闲和乡村气息。”

武汉在线编辑：“万峰林，分布在贵州省兴义市东南部，其精华景区在下五屯纳灰河一带。在这里，如笋如柱的峰林屏障与色彩丰富的万亩田园交相辉映，秀丽的纳灰河宛若一条银链，把沿岸村寨珍珠般串联起来，构成一幅开阔的美妙画卷。”

华商网友“燕子陪你走天涯”：“万峰林气势宏大壮阔，山峰密集奇特，造型和谐完美，明河暗流沟壑纵横，溶洞峰林此起彼伏，有着鬼斧神工人间仙境的韵味。万峰林景色丰富，登高远眺，青灰色的秀峰似林，黄绿相间的田野成片，村庄坐落其中，小河弯弯曲曲，宛如一幅浓墨重彩的山水画卷。”

新浪博客“小马哥的流年碎影”：“万峰林那一座座奇峰从锦绣田园中拔地而起，瑰奇挺秀，姿态万千，峰与峰之间若连若断，错落有致，具有极强的透空感。从观峰道上往下望去，座座峰峦分布于绿色秧田之上，好像是碧玉巨盘上托起一个个硕大的翡翠。”

携程网友“陈阁老”：“一路上都是美丽的景色，山峰突兀而起，挺拔险峻，类似漓江的山，比浙江的山有趣得多，我称之为山丛林。山的根部有小型石林，当地农民在小石林里种植，算是独特的梯田了。”

驴评网友“lvjr”：“这是个布依族村寨，这里很美，远处万峰林立，近处古桥流水。安静，安静！我们在村里转了很久，又在一个山坡上远眺群峰，美不胜收。”

新浪博客用户“行者无疆”对万峰林的感受更深，他在新浪博客上写道：

我曾在文中赞叹“不到兴义，不知贵州之奇”，指的就是万峰林的奇峰、奇景、奇美。

东峰林山峦起伏，游客稀至，一派恬静的田园景象。那山环水抱中的农田里，正在抽穗的水稻一片葱绿，可以想见，秋天那金灿灿的稻田在蓝天白云与万峰吐翠的映衬下，是何等的入画啊！

从观峰亭到展宏桥看的是田园，从观峰亭到收费站才是体现万峰林“万峰”特色的一段。

观峰亭，个人觉得，是田园风光与万峰风光的转折点。走过观峰亭时，眼前展现的就是婀娜多姿的万峰而成的林子了。

江山文学网网友“茉莉幽香”则这样评价说：“春天的纳灰河岸边的田野里长满了马豌豆，还开着蓝色的花，傍晚，在阳光的照耀下，显得分外的静谧；夏天的纳灰河是凉爽的，在烈日的照射下，波光闪闪的；深秋的纳灰河又别是一番景致，平静的水腾起一层层薄雾，在阳光的照耀下呈现出一片梦幻的景色，夜晚，一轮明月挂在深蓝的天空，也映在河里，吹着凉爽的晚风，让人不禁想起‘半江瑟瑟半江红’的景象来。”

在国内外不少平面媒体上，有着每一届“中国美丽乡村·万峰林峰会”、国际山地旅游大会的图文报道，尤其是在网络上，使用“百度”搜索“两个大会的名称”，竟有数万条有关万峰林的宣传报道，有的报道万峰林的山，有的报道万峰林的人……各类典型报道应有尽有。

作为媒体记者，哪儿有价值的新闻线索，他们就会千方百计前往哪里。

如此庞大体量的宣传报道，说明在万峰林举办的“中国美丽乡村·万峰林峰会”、国际山地旅游大会具有国内外媒体关注的众多新闻线索。

2013 年首届“中国美丽乡村·万峰林峰会”，50 个美丽乡村的联盟，为全世界开启了全新的美丽乡村发展模式。

2014 年第二届“中国美丽乡村·万峰林峰会”，为全世界探索乡村旅游及区域发展开好头、启好了步。

2015 年首届国际山地旅游大会，万峰林为世界开启了全新的旅游方式，扛起了山地旅游发展的旗帜。大会发布的《国际山地旅游贵州宣言》成为世界山地旅游领域代表性文件、推动山地旅游发展的基本原则。

2016 年，大会发布的《国际山地旅游减贫宣言》响亮提出，山地旅游是创造体面就业、增加收入、消除贫困和促进公平与可持续发展的重要驱动力量，减贫是发展山地旅游的重要使命和美好愿景。

山地不仅是重要的旅游资源，更是人类身心健康可依托的生态资源。

2017 年，大会发布的《国际山地旅游健康宣言》，已经在关注人类身心健康。

2018 年国际山旅会提出：“回归天人合一，追求高品质生活，是构建相互依存的国际权力观、共同利益观、可持续发展观和全球治理观的人类命运共同体的国际共识，是新时代生态文明发展的共同目标。”

六年来的这些重要节点，精彩地回答了万峰林通过旅游服务业引领兴义市、黔西南州山地经济提速发展，加快转型、推进跨越式一条可持续发展的道路，为世界各国发展山地旅游树起了标杆。

对万峰林而言，随着一届接着一届的峰会和山旅会的成功举办，万峰林的旅游人数节节升高，游客从 2012 年的 30 余万人次飙升至 2018

年的 160 万人次，其国外游客从 2012 年的 12 人次上升到 2018 年的 5 万人次，旅游总收入以 20% 以上的速度不断递增，村民人均可支配收入也从 2012 年的 2000 余元上升到 2018 年的 8000 余元，翻了整整 4 倍。

对黔西南州而言，“中国美丽乡村 · 万峰林峰会”和国际山地旅游暨户外运动大会的成功举办，为黔西南州打造民族特色山地经济创新示范区注入了强大动力，全州全域山地旅游发展更是实现了“弯道取直”。

“我们将率先用好峰会的各项成果，加快推进基础设施扶贫与乡村环境提升相结合、劳动技能培训与乡村人才振兴相结合、扶贫产业发展与乡村产业振兴相结合、内生动力培育与乡村文化振兴相结合、农村生态扶贫与乡村生态振兴相结合，推动脱贫攻坚与乡村振兴无缝衔接、深度融合，实现了开创百姓富与生态美有机统一的新未来。”黔西南州委书记刘文新如是说。

黔西南州委副书记、州长杨永英说，通过连续举办国际山地旅游暨户外运动大会、“中国美丽乡村 · 万峰林峰会”，有力地推动了全州山地旅游和美丽乡村发展转型升级、提质增效。可以说，旅游业已经成为建设美丽黔西南的生态产业、创造美好生活的民生产业、加快经济转型升级的支柱产业。

对于一届接着一届的“中国美丽乡村 · 万峰林峰会”和国际山地旅游暨户外运动大会带来的效应，兴义市万峰林街道办事处党工委书记谢文明激动不已地说：“峰林脚下的上纳灰村、下纳灰村、双生村、纳录村、鱼龙村和万福村等村，原来有 100 多位村民在外打工或经商，这些村民见识广、思路新，万峰林发展起来后，他们纷纷打道回府，用自己学到的想到的，因地制宜在村里率先带头做农家乐、休闲旅游业、种养业等，一户带动十户，在他们的带动下，不少村民腰包越来越鼓，取得了很好的发展成效。”

“还有一些外出经商多年的村民，回来后，不要政府出一分钱，就主动将自家与村里不协调的老房子进行翻新，示范性地发展起服务业。”颇感欣慰的谢文明如是说。

在将军桥附近，依山而建、打着黄记蛋炒饭和将军门等各式各样蛋炒饭牌子的20多幢房屋门前，前来吃饭的客人络绎不绝，有的店家客人火爆到极点，排到了门前的大道上，游客吃一顿蛋炒饭需等一个小时左右。用当地人的话说，这里每天就像摆酒席，如此多的食客与美丽的将军桥形成了一道不可多得的风景线。

就在将军桥下的纳灰河岸边，成片的草莓基地内，父母带着孩子、年轻小伙子带着女朋友等，怀着愉悦的心情，拎着篮子忙碌于各厢草莓基地之间，草莓老板则在纳灰河岸边的大红伞下，一边用电子秤称着草莓，一边不停地数着钞票，笑得合不拢嘴。

在游客流量较为集中的下纳灰村“更好街”上，村民们结合地方特色，加工制作的各种旅游小商品，成了游客们的“抢手货”，不少村民仅靠自家十多个平方米面积的铺面，一年下来就有10多万元的纯收入。

出租自行车也成了万峰林脚下村庄一个成型的产业。在这里，无论在哪个村庄，都有20家以上租自行车的店铺。租自行车的店铺虽然多，但每到周末或是节假日，这里的自行车数量还是难以满足游客的需求。

这些，只是万峰林脚下村庄发展的一个缩影。

由旅游业引领服务业快速发展的万峰林，已跨上了后发赶超的快车道，正在推动黔西南州传统产业转型升级，正在带动黔西南州一产、二产、三产向纵深发展。

在万峰林的带动下，2015年以来，黔西南州地区生产总值增速连续4年位居贵州省第一位。仅2018年，黔西南州地区生产总值增长12%，比全国的6.6%增加了5.4个百分点。服务业增加值也取得了很好的成绩，增长了16%，跑在了其他市（州）的前列。游客已突破了6000万人次，旅游收入达479亿元，净增长40%以上，打了一个前所未有的翻身仗。在贵州省48项经济发展综合测评指标中，黔西南州有11项排全省第一位，8项排全省第2位。

实践证明，万峰林的蓬勃发展，主要来自于一届接着一届“中国美丽乡村·万峰林峰会”和“国际山地旅游暨户外运动大会”举办带来的效应。

如今的万峰林，如同飞翔在黔西南州上空的“神鹰”，紧紧地盯着黔西南州的一产一业，一步一个脚印地引领黔西南州各行各业快速发展。

# 第五章　走向世界的万峰林

50年前，翻遍所有中国资料，几乎均无“万峰林”三个字的记载。这是一个无人知晓的穷乡僻壤之地。

50年后的万峰林，在党中央的关怀下，万峰林景区、万峰林人民、万峰林村庄、万峰林品牌的内涵与外延已发生翻天覆地的变化，率先走在实施乡村振兴战略计划的前列，成为了贵州省践行习近平总书记“两山”理论思想创新的成功基地。

党的十九大以来，在实现“中国梦”的伟大征程中，万峰林如同一支远航的航母舰队，从容、坚毅、顽强地驶入世界发展的激荡大潮中，搏击、收获和奋进。

## 走在乡村振兴前列

实施乡村振兴战略，是党的十九大作出的重大决策部署，是决胜全面建成小康社会、全面建设社会主义现代化国家的重大历史任务，是新时代“三农”工作的总抓手。

2018年1月2日，《中共中央国务院关于实施乡村振兴战略的意见》由中共中央、国务院发布，自2018年1月2日起实施。

随后，贵州省委、省政府结合本省实际，制定印发了《贵州省关于乡村振兴战略的实施意见》。

按照贵州省关于乡村振兴战略实施意见提出的阶段目标，2018年启动实施“四在农家·美丽乡村”小康行动升级版，第一产业值加值、农民人均可支配收入分别增长6%和10%左右；2020年，乡村振兴取得重要进展，如期完成脱贫攻坚任务，全省同步实现全面小康。

让人感到惊讶的是，作为贵州省最偏僻、最落后的黔西南州，一个曾经让无人知、无人晓的万峰林，经过近十年来的加速发展、加快转型，在一届接着一届万峰林峰会和国际山地旅游暨户外运动大会的推动下，其脚下的上纳灰村、下纳灰村、双生村、纳录村、鱼龙村、万福村等后发赶超，并在2018年1月2日前，已提前三年如期完成脱贫攻坚任务，全面实现小康，为黔西南州乃至贵州省实施乡村振兴战略树起了标杆。

乡村振兴，产业兴旺是重点。2006年以来，万峰林脚下的村庄以旅游业为引领，全面实现乡村产业振兴。

——农家乐从少变多。勤劳朴实的万峰林人民，抢抓万峰林旅游业越来越旺的机遇，按照相关部门的规划部署，将自家房屋变成了“摇钱树”，自己也从昔日的工人摇身一变成了老板。截至2017年2月，万峰林脚下村庄的农家乐已达到249家，实现营业收入0.6亿元，1089人实现了小康梦。如今，村民们的民族特食美食“八大碗”、蛋炒饭扬名中外。

——客栈由少变多变精。紧紧依托万峰林“独一无二”的世界景观、“独一无二”的气候环境，具有创新意识的万峰林人民，采用乡土装修风格、自然装修风格、东南亚装修风格和中国古典装修风格，将自家的房屋进行改造成为集餐饮、住宿、休闲、观景于一体的高端精品客栈。截至2017年2月，万峰林拥有民宿客栈115家，精品客栈35家，实现营业收入0.52亿元，带动578人实现小康梦。

——农业产业结构调整步伐越来越快。根据打造国家全域旅游示范区和国际山地旅游城市的总体安排，兴义启动建设万峰林旅游扶贫创新示范区，在万峰林景区内实施“千户万亩花海”和“花海跑马场”等项目建设，流转5268户村民8200亩土地入股万峰林旅游集团公司，人均通过租金、务工、管理、分红等增收2000元。

同时，将万峰林核心景区原承担的景区和城区生活资料供给职能转由瓮本村承担，采取“农户+合作社对接景区农家乐、城区农贸市场”模式，实现由传统农业村变为景区城区生活资料补给基地。全村14个村民组500余农户发展无公害蔬菜2100亩，林下和庭院养殖25000羽，发展“百香园”近千亩，年人均增收5600元。

——休闲农业成了村民增收主业。根据区位优势，万峰林街道办对万峰林脚下村庄的农业产业进行优化布局，确保发展的农业产业既能休闲观光，又能使村民增收致富。在纳灰河上游纳录村、双生村、鱼龙村、乐立村区域，建立农业观光体验、农业休闲娱乐、优质农作物生产基地，该区域涉及农户2203户10168人，2017年人均纯收入突破3000元以上；在纳灰河下游上纳灰村、下纳灰村、万福村，建立以油菜、优质水稻、蔬菜为主的优质农业观光旅游区，该区域涉及农户1568户7152人，2017年人均纯收入2830元。2014年9月20日，乐立村“Y两优900”水稻平均亩产净干谷1079千克，水稻亩产量创贵州省最高纪录；在沿纳灰河两岸，发展以花卉、苗木、经果林、蔬菜为主的新型种植业，种植连片的景观型庄稼和花木，该片区2017年人均纯收入突破3000元。

乡村振兴，人才是基石。2006年以来，万峰林脚下的村庄以培训新型职业农民为根本，全面实现乡村人才振兴。

——实施就业培训，农民变工人。紧紧围绕“市场需要什么样的人才，就培训什么样的技术”这个核心，兴义市通过对周边企业的用工需求状况，分类别对勤奋好学、无职无业的万峰林群众展开培训。通过培训学习结业后，1014名村民从农民变成了工人，其中有181人在万峰林旅游公司就业，月人均收入2100元。有723人在客栈、农家乐就业，月人均收入 2363 元。有 110 人在黄草公司上班，月人均收入 2300 元。

——实施孵化培育，农民变艺人。兴义市对万峰林能工巧匠、民族文化传承人等进行排查统计，制定实施产业培育及“双创”孵化计划，积极发展家庭手工艺和特色文化产业，促进群众增收致富。截至目前，万峰林脚下的村庄有 82 户 304 名村民从事刺绣、竹编、藤编、木雕、根雕、酿酒、石雕等家庭手工业，月人均收入突破 2100 元。291 名村民从事布依八音、舞狮、唢呐、布依傩仪舞等民族特色文艺，由万峰林旅游公司购买服务，月人均收入达 2800 元。

——实施技术培育，农民变能人。对目前从事农业生产、迫切需要提升生产技能的种养大户、致富带头人、新型经营主体从业者，以及回乡务农创业的高校毕业生、青壮年农民工和退役军人等，精选高校、科研院所科技拔尖人才作为新型职业农民培训教师，根据不同产业特点，采取集中式、分散式、分段式相结合的方式开展培训、实训。截至目前，万峰林脚下的村庄共有 127 人因培训而发展壮大，人年均收入突破 10 万元，成为万峰林乃至兴义市蔬菜、精品水果和养殖致富能人。

乡村振兴，既要塑形，也要铸魂。

没有乡村文化的高度自信，没有乡村文化的繁荣发展，就难以实现乡村振兴。2006 年来，万峰林脚下的村庄以培育乡风文明为灵魂，全面实现文化振兴。

——农家书屋从无到有。创办上纳灰、双生、鱼龙等 8 个农村书屋，科技、文化等各类图书达到 1.5 万册。有 8 个村实现“一村一宣传文化站”，配置彩电、音响、投影和数码相机等电教设备，并设置了图书阅览室，存列各类图书和报刊五百余册。创新管是模式，将农家书屋延伸至客栈和街史馆。仅 2017 年，免费借阅图书 325 册，借阅人数 300 余人；办理《超星移动图书馆》读者证 176 张。下纳灰农家书屋被评为“全国示范农家书屋”称号。

——文艺活动丰富多彩。截至 2017 年，万峰林脚下的村庄先后举办了“中国金秋万峰旅游节暨南部乡镇片区运动会”、书画展、摄影展、旅游商品展和万峰林国际微电影盛典、庆淘宝店开业、阿里巴巴送货下乡文艺演出、迎春文艺演出、老年协会迎春文艺演出、庆元宵及三下乡文艺演出、庆六一活动、纪念三八妇女节活动等近千场次各类活动，编排的《布音八音》《布依傩仪舞》《布依浪哨》《女子高台舞狮》等民族民间特色艺术节目，其中《布依傩仪舞》进入2007年“多彩贵州”舞蹈大赛决赛、获优秀奖，《布依八音》获2008年“多彩贵州”原生态歌舞决赛银瀑奖。《八音坐唱》成功申报为万峰林民族学校学生的必修课。2015年，下纳灰村被授予贵州省“第一批文化产业示范村”。

——文艺队伍从弱变强。从2006年成立万峰林景区布依傩仪表演队开始，万峰林脚下村庄的文艺队伍越来越强大。截至2017年，万峰林共有《八音坐唱》《女子高台舞狮》《布依傩仪队》等民间文艺表演队20支，队员从2006年21人增加到了980人。2014年，下纳灰村被授予贵州省“第一批文化产业示范村”。

如今，无论是每年的“三月三”或是“六月六”，漫步万峰林的村村寨寨，处处都有万峰林民间文艺表演队的身影，处处都有他们优美的舞姿、悠扬的歌声。

——乡风越来越文明。万峰林脚下的村庄分别将“百善孝为先”“百孝顺为先”“八荣八耻”“公民道德规范”等名言警句写成条幅，挂在村中人流相对集中地段，结合村民习俗分类制作条幅，分别张贴到各家各户院墙上，引领村民将其作为行为准则，产生了良好的社会效果。

通过订家训、完善村规民约、举办节日活动、设置农家书屋、组建民间文艺表演队伍，村民素质普遍得到提高，乡风越来越文明，昔日那些打打骂骂、不赡养父母、乱吐乱扔等现象，如今已变成了历史，乡村文化实现全面振兴。

乡村振兴，生态宜居是关键。2006年以来，万峰林脚下的村庄以坚持绿色发展为引领，全面实现生态振兴。

——“两违”建筑全面拆除。从2010年开始，兴义市万峰林街道办对万峰林脚下的村庄“两违”建筑进行全面摸底排查后，及时成立“两违”治理综合执法大队，按照“拆、改、清、绿”的整治要求，铁心硬手、动真碰硬、齐心协力强行拆除“两违”建筑289户、30144平方米，成功制止违法建设、违法用地44宗。

——危房改造力度全面加大。从2010年开始，兴义市万峰林街道办对万峰林脚下的贫困村民进行梳理，把经济最困难、住房最危险、保障最基本的农户居住需求放在首位，作为危房改造的基本要求。截至2017年，共实施危房改造1074户，改造率达到了100%。

——污染整治力度刷新纪录。在饮用水水源整治方面，万峰林街道办对万峰林脚下排污企业加强检查和治理，要求污染物稳定达标排放，确保村民饮用水安全；在禁烧秸秆方面，通过大力宣传和查处焚烧垃圾、秸秆14起后，村民环保意识得到大大提高，家家户户改用电气化；污水整治方面，投资3亿元，新建水体景观3个、污水管网9000米、污水处理设备58套、河道景观绿化2.51平方米、水生植物种植36.17万平方米等，并对核心景区村庄已建污水处理设施配套管网、雨污分流管网改造、污泥无害化处理处置、缺水地区污水处理及再生利用设施建设、河道治理、环境污染第三方治理等项目，以及生活垃圾处理设施及收运体系等建设。

——退耕还林力度前所未有。坚持水利、生态、石漠化治理“三位一体”，对村民们拓荒种粮的9135亩石旮旯全面实施退耕还林和人工造林。与此同时，对万峰林核心景区内的所有山坡实行封山育林，对万峰林深处的一些地块示范种植无籽刺梨1500余亩、五星大枇杷1000余亩，在保护自然生态环境的同时，充分利用资源增加农民收入。

——村容村貌越来越新。切实推进生态文明建设，开展“四在农家·美丽乡村”六项行动计划，仅2017年就建成小康路19.8公里；小康房方面，进一步规范了景区主干道沿线房屋外观和楼层；小康电方面，实现用电同网同价；小康讯方面，联动互联网等全覆盖；小康水方面，修建引水渠 2.9 千米，解决 315 亩农田灌溉困难。如今万峰林脚下的村庄，彻底告别杂乱无章，村容村貌焕然一新，群众获得感、幸福感不断增强。2013 年，下纳灰村被国家农业部、环保部、水利部及国家旅游总局、新闻出版广电总局评为“中国十大最美乡村”之一。2014 年 10 月，上纳灰村被国家民委命名为首批“中国少数民族村寨”。2015 年，万峰林街道办事处被贵州省环保厅授予“省级生态乡镇”称号，下纳灰村被授予“省级生态村”和“中国最美乡村”称号。

基层党组织，是实施乡村振兴战略的“主心骨”。农村基层党组织强不强，基层党组织书记行不行，直接关系乡村振兴战略的实施效果好不好。2006 年以来，万峰林脚下的村庄以夯实组织为基石，全面实现乡村振兴。

——村级民主管理越来越规范。各村先后建立和完善了《村党支部议事规则》《村干部值班制度》《村务公开制度》等，以制度管人，用制度管事，纳录村支部被贵州省委表彰为“五好”基层党组织。

——村级班子越来越强。各村对标班子结构模型，推选村里有能力、主动干事、敢于干事的年轻同志担任村党支部书记，选举有能力、懂经济的年轻同志担任村委会主任，主抓村的经济社会发展工作，并配强村常务干部，实现村两委干部专业知识门类齐全、互相补充，经历、性格、气质协调相融。

——注入力量越来越大。各村分别聘请了 2 名民营企业家及致富带头人担任村支部副书记、村委会副主任，实现“以企（商）带村、以村促企（商）、村企（商）共赢”的社会目标。

——选派要求越来越高。采取个人报名、组织推荐、集中遴选的方式，精心从兴义市机关优秀年轻后备干部中，选派一大批既年轻，又学历深、干劲足、能力强的“第一书记”入驻各村，实现人岗相适、人尽其才。

从小变大、从弱变强，且在短短的时间内，旅游业实现“井喷”的万峰林，已成为黔西南州其它景区景点、贵州省其它景区景点乃至西部地区景区景点学习的典范，带动力越来越大，引领性越来越强。

率先走在乡村振兴前列的万峰林脚下的村庄，如今正在社会主义现代化建设的新征程上，如一列启动的火车，一刻不停地向“农业强、农村美、农民富”的乡村全面振兴方向驶去。

## ■ 再现“人猴争食”

万峰林的山头渐渐绿了起来，有的山头甚至已变成了茂密的森林，雨水季节还有那涓涓细流的泉水出现。

万峰林葱绿的山峰似乎又回到了从前。

就在万峰林生态环境越来越好、游客越来越多、发展步伐越来越快、名声越来越大之时，峰林丛中的洋坪一带，开始出现了猴群、野猪等大规模的野生动物。

“人猴争食”再现万峰林。所不同的是，这些猴群不是与这里的村民们争地盘，只是争食罢了。

2019 年 5 月初，笔者来到万峰林东峰林与西峰林交界的峰林丛中，发现这里山峰上的树木已经成林，树梢上，成群结队的小鸟飞来飞去，叽叽喳喳地叫个不停，在这些清脆的鸟叫声中，还有那“嘎、嘎、嘎”的野鸡叫声……整个峰林深处，各种叫声混在一起，似乎变成了一片喧嚣的海洋。

行走在热闹的叫声中，呼吸着那无比新鲜的空气，不知不觉中，便进入了峰林深处的洋坪腹地。

每年四月份起，这里的早熟蔬菜、早熟玉米等就纷纷上市，大大满足了兴义市民餐桌的需求，不少人家已将种植早熟蔬菜、早熟玉米等作为发家致富的支柱产业。

在拱桥村绿荫塘组，村民们的院墙院落独具一格，家家户户门前都安装了路灯，一条条干干净净的水泥路通往各家各户。在离村民们不远的一个大坝子里，早熟玉米已经开了花、结了果。

穿梭在绿荫塘寨子中央，好些人家都是关门闭户的。临近傍晚时分，一位五十上下的村民扛着锄头沿着进寨路回来了，得知笔者来意后，他告诉我："寨子里的人都到地里撵猴子去了。"

在他的指引下，我来到峰林脚下的一片早熟玉米地里，发现玉米地的主人头戴草帽，半躺在一块平整的石板上抽着烟，双眼却紧盯自家玉米地与峰林接壤的地段。在与主人交谈期间，离玉米地不到一百米的峰林丛中，隐隐约约地看到猴子在树丫上跳来跳去，一阵接着一阵的猴群嘶叫声由远及近地传来。

"这些猴子就在山上面，它们下来掰玉米的时间一般都在 11 点和 18 点左右，尽管他管理得很到位，但还是有不少玉米被猴群给掰走了。"玉米地的主人如是说。

在此期间，一位王姓中年村民从一块乱糟糟的玉米地里钻了出来，说猴子已"抢"走了他家近百斤早熟玉米。在这位村民的带领下，我悄悄地向着猴群靠近。在离这位村民家玉米不到 80 米的峰林丛中，一些猴子的爪里还攥着刚摘下的玉米棒，在那相互争夺着。

我家的地较散，每天一早起来，全家人就得分头行动，带着水和鞭炮上山守猴，看到猴子下来时，为了不伤着猴子，我们采取的都是吼，吼不住后就会放鞭炮，让它们自己离开。"

接近 19 时，绿荫塘寨子周围不时传来阵阵鞭炮声。"现在天黑了，这时候是猴群集中下来掰玉米'黄金'时间，一来我们看不清它们，不得已，大家只能采取集中放鞭炮。"

更让不少村民怨声载道的是，当他们上山守猴期间，一些猴群竟玩起了“上有政策、下有对策”的把戏。每当难掰到玉米时，一些猴群便悄悄来到寨子里，专找没人在家的村民“下手”，把村民们放在家里的油罐、粮食等抱到峰林丛中吃了个精光。

那么，这些野生猴群从何而来呢?

村里一些上了年纪的村民道出了实情。据他们说，中华人民共和国成立前这里植被葱郁，有不低于20000只猴子活跃于整个东峰林和西峰林，后来在20世纪50年代以来，由于植被遭人破坏，再加上来自安徽、河南等省的外地人到这里大肆捕捉，猴群数量迅速锐减。再后来由于兴巴（兴义到巴结）公路的开凿，以及村民们对峰林丛中树木的砍伐、开荒种粮等，又使得幸存的少数猴子被开山炮声吓跑，从20世纪70年代到90年代后期，万峰林丛中的猴群便从人们的视野里销声匿迹。

“胡锦涛视察上纳灰村指示要保护好万峰林这棵子子孙孙的‘摇钱树’后，各级各部门高度重视万峰林生态环境工作，掀起了一场让‘让石漠化山头绿起来’的植树行动，几年间，万峰林山上植被逐渐得到有效恢复，东峰林坡岗一带开始出现少量猴群。”村民们回忆说，伴随着万峰林生态植被越来越好，猴群也越来越多，它们从坡岗一带逐步繁衍至洋坪、冷洞一带。

经兴义市林业部门实地考察，目前猴群主要分布在万峰林东峰林与西峰林交界处的拱桥村、长冲村、冷洞村，其中猴群的活动以翁布、丰标、红岩、绿荫塘、道角等组最为频繁。另据一些专家称，在绿荫塘掰玉米的这些猴群中，有相当部分猴群属于黑猴物种。

猴群的到来，尤其是每当面对“人猴争食”的尴尬处境，当地有关部门感到十分棘手，在多方应对上可谓“绞尽脑汁”。“每当有村民向我们反映管管这些‘不守规矩’的家伙时，我们也只能告诉他们要保护好这些猴群，不准任何人投毒、捕猎猴群，至于如何管，政府正在想办法。”

万峰林脚下的村民们，虽然遭受到猴群的侵扰，庄稼被破坏，心里憋了一口管管这些“不守规矩”家伙的怨气，但在关键时刻，他们却心往一处想、劲往一处使，全身心保护令他们讨厌多年的家伙们。

“曾有多名浙江人来我们这里偷捕野生猴，被我们及时发现并阻止。这些浙江人后又以每只 100 元的价格引诱我们捕猎，结果也被我们一一严词拒绝，并将情况向政府反映。”村民们如是说。

生态环境的改善，人们环保意识的提高，使猴群得以生息繁衍。如今，不断壮大的猴群已开始向西峰林迁徙。

“人猴之争”反映出的不仅是农民问题，还有生态环境问题，如何处理好“人猴”关系，找到“双赢”的途径，让猴群与人类和谐共处呢?

黔西南州政协委员龙虎建议：一是由专业人员对万峰林丛中的猴群做系统调查，搞清猴群种类、主要食物来源、活动区域和规律；二是在猴群活动集中的区域选择农户种植专供猴群食用的庄稼，并制定补偿措施对村民庄稼给予补偿；三是配合山地旅游、全域旅游修建观猴游道、观猴亭、停车场、厕所等基础设施；四是对猴群集中的区域选择一些闲置的传统民居改造为民宿和农家乐，提供给游客、户外运动爱好者和动物专家使用；五是观猴路线纳入万峰林旅游规划，作为国际山地旅游一项新的景观内容；六是加强保护猴群的宣传和执法力度，杜绝猎杀及买卖猴子的事件发生。

龙虎提出的把猴群存在造成的劣势向优势转变的建议，已引起了相关部门的高度重视，当前，兴义市委、市政府正在研究将猴群出没地带打造成独具特色的“生态旅游度假区”，用旅游业引领村民发展，让服务业成为村民们发展的主业，从根本上打破“人猴争食”尴尬场景的瓶颈，实现村民与猴群和谐共处。

## “两山”理论践行的贵州样本

万峰林景区今天能这样闻名于天下、成为国家AAAA级风景区，且正在申创国家AAAAA级景区，完全得益于当年胡锦涛那句意味深长的话——“万峰林景区是村里子子孙孙的‘摇钱树’，一定要保护好。要把这个道理讲给大家听，让大家都增强环保意识，自觉保护环境。”

今天，万峰林脚下的村庄能够摆脱贫困、率先走在实施乡村振兴战略的前列，除了一届接着一届万峰林峰会和国际山地旅游暨户外运动大会的推动外，主要得益于践行习近平总书记的“两山”理论。

那些年，曾经以高污染换取致富的思路，导致了万峰林的发展之痛和民生之患。

这些年，“绿水青山就是金山银山”的发展哲学，正在推动万峰林的生产方式与生活方式的双重改变，乡村文化和价值共识的彼此，以及人民生活水平和生态获得感的和谐共进，走出了一条可持续发展的绿色道路。

那么，万峰林是如何成功治理生态环境的呢?

成功的关键在于兴义市委、市政府主要领导站在讲政治的高度，以对党和人民高度负责的态度，以铁的决心、铁的措施、铁的手腕高标准筑牢了万峰林绿色生态屏障。

“现在纳灰河的水清起来了，周边的环境也越来越好了，我们都喜欢来这里散步健身。”如今，越来越多的兴义市民为纳灰河的变化点赞。

曾经的纳灰河污水横流、恶臭不堪。面对纳灰河的污染问题，兴义市制定《万峰林纳灰河环境综合整治规划》，采取多种筹款方式，整合资金启动纳灰河水综合整治工程。

重拳之下，纳灰河沿线的污染企业拆除了，河道上的垃圾清除了，排入河中的管网堵住了。纳灰河污水变清流，万峰林人民的母亲河获得

“重生”。

从严格落实“河长制”，到保护水资源、防治水污染、修复水生态，再到制止和惩处破坏生态环境的行为，一项项落到实处的有力措施，都浓缩着兴义市对环境治理和生态保护的不遗余力和决心。

从围绕万峰林“一年内整治好土壤，两年内拆除‘两违’，三年内完成房屋改造”的阶段性目标，再到科学编制《万峰林生态环境综合治理规划》，推进一系列修复生态的项目建设，高标准构建山水林田河生命共同体，都彰显着兴义市各级各部门敢于扛起保护生态环境的责任大旗。

从兴义市大力实施新一轮退耕还林和绿色万峰林行动，新增、优化了一批生态公益林和经果林，到加大万峰林山峰、公路沿线、纳灰河畔的植绿力度，让万峰林五年之内变成绿色的“海洋”，都浓缩了兴义市各级各部门的坚定不移的执行力和落实力。

“当时我们主要依托绿缘动植物科技开发有限公司等企业，积极选育适宜万峰林绿化和规模种植的花卉苗木品种，建设了一批花卉苗木基地、特色木本经济林基地、林下种植基地。”万峰林一花卉基地负责人说，这些基地在美化万峰林的同时，也在不断为兴义市增添绿色。

万峰林的山头绿了，纳灰河水变清了，村庄变整洁了。接下来兴义市要面对的，便是群众腰包怎么才能鼓起来的问题。

要破解这个难题，首先要充分地理解“两山”理论内涵及辩证关系。

山东大学哲学与社会发展学院副教授单提平认为，对于“绿水青山与金山银山”来说，所面临的时代不同，理解也不同，发展下来的结果更不同。

农业文明时代，绿水青山是真实的自然景观，金山银山则是悬设的物质财富梦想。虽然人的生存和发展必须依山傍水，但对农业文明时代的人们来说，绿水青山与金山银山还没有真正建立起相关的联系。

工业文明时代，物质生产力的发展凭借科学技术的现代革命插上了翅膀，不但让物质财富魔鬼似的奔涌，而且导致人对大自然态度的深刻变化。

对自然界的开发和征服，使自然景观与财富梦想的界限被打破了。绿水青山被日新月异的科学技术所征服，人们只要利用先进的现代技术手段，喊一声“芝麻开门”，大自然在人们面前仿佛就打开了无尽的宝藏。

在经济利益的诱惑和驱动下，人们不惜对大自然进行掠夺式的征服和占有。如此一来，自然界便不可避免地褪去诗意的形象，沦为表现人的占有欲和征服力的主战场。

在当代，我们正面临着由工业文明走向生态文明的历史性转折，当我们从工业文明带来的消极的、恐怖的后果中猛然惊醒之时，保护自然、修复生态就成为新的时代主题。

是的，新时代就应有新的发展方向。这个方向，就是绿色发展。

党的十八大以来，以习近平同志为核心的党中央，遵循发展规律，顺应人民期待，彰显执政担当，密集推出一系列生态文明建设的顶层设计与战略部署，从党的十八大把生态文明建设纳入“五位一体”总体布局、提出“建设美丽中国”，到党的十八届三中全会提出“深化生态文明体制改革”，到党的十八届四中全会提出“用最严格的法律制度保护生态环境”，到党的十八届五中全会把绿色理念纳入五大新发展理念，再到党的十九大提出“加快生态文明体制改革，建设美丽中国”等等，使生态文明建设的力度步步深入、层层加大，为实现中华民族永续发展规划了蓝图，为建设美丽中国提供了根本遵循。

习近平总书记关于生态文明新理念新思想新观点，主要体现在实现人与自然和人与人之间双重和谐的生态文明观。“生态兴则文明兴，生态衰则文明衰。”2013 年 11 月，习近平总书记在党的十八届三中全会上作关于《中共中央关于全面深化改革若干重大问题的决定》的说明时指出："我们要认识到，山水林田湖是一个生命共同体，人的命脉在田，田的命脉在水，水的命脉在山，山的命脉在土，土的命脉在树。"为我们打开了科学和系统的视野，就是要把生态文明建设融入到经济建设、政治建设、文化建设、社会建设的各方面与全过程，推动形成人与自然和谐发展的新格局。

习近平总书记关于生态文明新理念新思想新观点，主要体现在保护环境即是保护生产力的生态生产力观。最具代表性的就是"两山论"："我们既要绿水青山，也要金山银山。宁要绿水青山，不要金山银山，而且绿水青山就是金山银山。"

在中央政治局第六次集体学习时，习近平总书记强调："要正确处理好经济发展同生态环境保护的关系，牢固树立保护生态环境就是保护生产力、改善生态环境就是发展生产力的理念，更加自觉地推动绿色发展、循环发展、低碳发展，决不以牺牲环境为代价去换取一时的经济增长。"科学全面地回答了"生态文明何以能？"的问题。

"要看 GDP，但不能唯 GDP、不简单以 GDP 论英雄"……从习近平总书记关于生态文明建设的一系列经典阐述中可以发现，十八大以来党中央赋予了生态文明建设前所未有的重大使命，绿色发展将成为我们发展经济增长的新动力。也就是说，我们不但要实现绿水青山向金山银山的转化，还要实现金山银山还是绿水青山的转化。

其实，对于"绿水青山就是金山银山"的科学论断，是习近平总书记在浙江省主政期间就提出来的。

那时候，他在浙江日报发表了评论文章，文中称："如果能把生态环境优势，转化为生态农业、生态工业、生态旅游等生态经济的优势，那么绿水青山也就变成了金山银山。"

那么，作为地处兴义城郊的万峰林，如何把万峰林的生态环境优势转化为生态农业、生态旅游的生态经济优势呢？

兴义市在学懂弄通"两山"理论的基础上，结合一届接着一届万峰林峰会和国际山地旅游暨户外运动大会上，各位国内外专家对万峰林发展提出的对策建议，开出了一具具绿色发展的“良方”。

打造万峰林中央主题花海。兴义市在保护原有农田的基础上，通过土地流转，将万峰林脚下纳灰河沿岸4000多亩农田打造成田园花海。整个花海核心区以万峰林将军桥北面为起点，直到万峰林景区的西南入口，绵延6千米。

在将军峰以南，主要展现的是稻田景观，在现有稻田的基础上，用五彩稻种出“万峰田影”“布依跳花”“洞天福地”等大地艺术图案，与花海连成规模上万亩的田园特色景观。

稻田变花田，而它们的主人仍然是周边的1600户村民。4000余亩田地分别按每亩1500元进行流转，仅土地流转收入就达600余万元。同时，不少村民还能在花海就近就业。相比以前种植传统农作物，村民们的收入增加了不少，一些村民的年纯收入达18万元。

实施“百花园”项目建设，由万峰林旅游公司牵头，流转土地8200亩，在万峰林耳寨、纳录、鱼龙、双生等村打造万亩花海和建设农耕体验山地旅游扶贫示范基地。

与中央主题花海经营方式不同的是，万峰林旅游公司流转的这8200亩土地，都是村民们用于入股的，公司承诺每亩土地每年不低于1500元的分红。其中，“花海跑马场”项目的运营管理由村里的村民全程参与完成，兴义市旅游集团出资建设马道和马厩、购买马匹，并派专人指导农户饲养，交给农户自主经营管理。

打造万峰林旅游扶贫创新示范区。按照“深度、中度、轻度、梯度”开发原则，规划涵盖以万峰林景区为核心支撑的深度开发案例区，以冷洞村“贵州精神”展示长廊为核心支撑的中度开发案例区，以万峰林街道办事处瓮本村为核心支撑的轻度开发案例区，总面积76.08平方千米，涉及总人口24969人，其中，建档立卡贫困户162户561人。

在示范区建设中，兴义市既着力完善“吃住行游购娱”六大传统要素基础，又注重培育“商养学情闲奇”六大新型旅游要素，思路、手段、载体、模式全面创新，取得了显著成效，既实现了一般群众收入倍增，又促进了贫困群众加速脱贫。

打造独一无二的“乡愁集市”。按照山风野趣的理念定位，在双生村规划建设“乡愁集市”，设置有个性民宿、餐饮小吃、文创产品及手工体验三大功能板块，囊括吃喝玩乐、住宿、传统手工产品和文创体验等方面，有力地冲破固有局限，延伸了产业链，推动万峰林形成多产业融合发展新格局。

打造“水陆空”立体观光体验游。以创建国际山地旅游目的地为抓手，统筹整合马岭河峡谷、万峰林、万峰湖景区“一城三景、景在城中、城在景中”区域全域旅游资源，开发提升生态观光、休闲度假、避暑养生、文化体验、户外运动等产品体系，推出覆盖全州、带动全域、延伸周边休闲度假精品线路，让游客走到哪里都能停下来观风景，尽享国际山地旅游城神奇之美，从而实现旅游市场供给由浅层观光向深度体验转变，从浅层服务向深度服务转变。

通过一系列的绿色发展规划，兴义市在万峰林旅游扶贫创新示范区建设中，初步探索形成了山地旅游扶贫新模式。

入股分红，农民变股东。采取“公司 + 合作社 + 农户”模式，贫困户以土地、山林、房屋等资源和“特惠贷”资金入股万峰林旅游公司、黄草公司等市场主体，发展精品客栈、农家乐、旅游商铺和石斛、花卉等现代农业，全程参与企业生产、经营和管理，实现由农民变股东。

多头用力，农民变商人。采取“结对帮扶、政策支持、市场引导”方式，帮促、引导贫困户以自家房屋、租房等方式经营农特旅游商品，发展精品客栈、农家乐和旅游服务业，由农民变商人。

多元投入，景区变引擎。坚持“政府主导、市场主推、多元投入、多头用力”的方针，持续加大投入，提升示范区基础配套和发展条件。投资 5 亿多元，完善“水、电、路、房”等基础设施建设。投入 10 亿余元，在万峰林景区建成雪域飞鹰低空飞行、低空热气球等重大产业项目。

……

万峰林，基本形成了发展空间集约高效、生态空间山清水秀的区域国土空间体系，实现了山水田融合、产城景点一体，为未来发展提供了广阔的空间。

从以上一组组的数据不难看出，万峰林无论是旅游业、农业产业、还是其他产业，都取得了很好的成绩。仅 2016 年，当地群众人均可支配收入高达 12268 元，是 2011 年的 2.69 倍，高于兴义市农村居民收入 2228 元。

这些成绩的取得，完全得益于当地干部群众认真践行“两山”理论创新取得的成果。

那么，这些干部群众践行“两山”理论的成功之处体现在哪些方面呢?

兴义市万峰林街道办事处党工委书记谢文明认为，万峰林践行“两山”理论的成功之处主要体现在以下三个方面：

第一方面，扛起了更大的责任。万峰林的发展，承载着落实 2005 年 2 月胡锦涛视察上纳灰村的重要指示精神，肩负着中央和省委、州委的殷切希望，因此，我们从讲政治、讲大局、讲担当的高度，深刻认识这一重大荣誉、重大机遇、重大责任、重大使命，决不辜负中央、省委和州委的殷切希望。

第二方面，确立了更高的标准。什么样的标准，就决定了什么样的力度、什么样的成效、什么样的水平。自从举办“中国美丽乡村·万峰林峰会”以来，尤其是国际山地旅游大会落户万峰林以来，兴义市委、市政府在万峰林实施的每一个基础设施建设规划，都具有国际化标准，实施的每一个产业发展项目，都给老百姓带来实实在在的收入。这就是万峰林为何发展这么快的真正原因。

第三方面，赋予了更新的内涵。我们严格按照州委、州政府的决策部署，按照市委、市政府的安排，从万峰林实际出发，注重系统谋划，敢于探索创新，不断赋予了“两山”理论实践新的内涵。

“尽管万峰林现在未列入全国‘两山’理论创新实践基地，但是万峰林有实打实的成绩摆在这里，我们不灰心、不气馁。”谢文明说。

其实，万峰林未列入全国“两山”理论创新实践基地的原因，主要在于当地政府部门尚未按程序进行申创。

下一步，万峰林街道办事处将在统筹推进“五位一体”总体布局和协调推进“四个全面”战略布局的更高层次上，在万峰林范围的更宽领域上，强化“两山”重要思想发展在万峰林、经验和路径在万峰林的意识，思考和谋划推进践行“两山”重要思想的问题，全力将万峰林申创成为践行“两山”理论重要思想创新实践基地。

## 走出国门的万峰林

峰群、峡谷、湖泊，纷至沓来的游人……

随着一届接着一届“中国美丽乡村·万峰林峰会”、国际山地旅游暨户外运动大会的举办，这个超前实现乡村振兴战略阶段性目标任务、成为贵州省践行“两山”理论重要思想成功基地的万峰林，越来越受世人瞩目。

走进峰林脚下的中央主题花海，天竺牡丹、西番莲等世界名花色彩绚丽，10 多位法国游客徜徉其中，录抖音、发视频，将万峰林的美景分享出了国门。

宁静的花海迷宫，则与巍峨壮观的峰丛，一静一动地描绘着万峰林春天的绚丽。

在占地 4000 余亩的万峰林兜兰世界休闲旅游观光园，红、粉、黄、紫等各色花儿竞相绽放，点缀在青翠的峰林之间，更显诗情画意。

鲁冰花花海主题乐园建设有花卉种植、茶憩花房、文创中心、儿童科普体验馆等。这里的唐菖蒲、剑兰、菖兰等花朵自下而上一次性开放，花型美观，色彩鲜艳，象征着节节升高，成为万峰林三大主题花海中最受国外游客青睐的花海。

看来，国家农业部等相关部委授予万峰林“中国十大最美乡村”“中国美丽田园”的称号名符其实。

其实，让人流连忘返的，要数峰林脚下乐立村的“醉玩街”了。

走进“醉玩街”，牌楼式的寨门矗立在街口。闲庭信步走在这条长约 800 米的街上，街道两侧房屋的外观基本一致，一排颇具特色的布依族风格建筑，与附近鲜艳无比的花海、磅礴大气的峰林形成了世界上“独一无二”的美丽画卷。

那么，何为“醉玩街”呢?

据村民们介绍，他们布依族有传统，远方的客人到来时，都会给客人倒上满满一碗酒。如果是国外的客人，就要给客人最高的礼仪——以“划拳、斗地主、玩水鱼、打五张、推十点半”等各种方式引导客人喝酒，客人越尽兴，说明招待得越周到。因此，将这里取名为“醉玩街”。

这条集“民族文化、餐饮、住宿”于一体的“醉玩街”，是由乐立村十一组五位村民牵头组建的农民专业合作社，合作社把村民入股的房屋进行统一改造装修后形成的。

用乐立村村民们的话说，“醉玩街”已融入了黔西南州浓厚的酒文化，游客来到这里可以尽情享受到“吃、住、游、玩、乐、购”等一体化的优质服务，感受浓浓的布依风情。

“每天晚上，我们还在文化广场上举行篝火晚会和民族文艺演出，为游客呈现独具特色的民族文化和浓郁的民族风情。”村民们如是说。

与此同时，游客还可以在“醉玩街”体验打糍粑、吃五色糯米饭、布依手抓饭和布依八大碗等民族特色美食，还可以切身体验这里的“亮家底”等布依文化活动，让你吃了还想吃，让你住了还想继续住。

在诗人余光中的笔中，乡愁是一枚小小的邮票，而在峰林脚下的乡愁集市，这里的乡愁不仅能够使你回味无穷，还可以让你亲身体验。

漫步在乡愁集市的俄罗斯游客伊万诺天明，举着相机的他，带着妻儿，这点拍拍，那里照照。

从他的表情不难看出，他已兴奋到了极点。他告诉导游，走进乡愁集市，犹如走进了一个时光雕刻出来的小镇，是那么的别具一格，是那么的让人忘乎所以。

别说国外的游客，对于我这个本地人来说，走进这里，的确蛮有一番韵味，犹如漫步在一幅美丽的画卷之中。

你看，道路两旁那棕黄色和白色相间的外墙上，有民族画、有手工制作的工艺品等点缀，真可谓应有尽有。

在乡愁集市里，最让人难以忘怀的要算君群文化了。这里的一砖一瓦、一草一木、一步一景仿佛都在诉说着往日的时光与乡愁。

君群文化含本心堂、养心山房、食养膳房三个功能区域，是一个以“中医五行调理、养生观景民宿、时令养生膳食、文化交流培训”为主，致力于打造“食、宿、养、修”为一体的综合康养基地。

到这里，你可以看到具有中国传统建筑美学的古风四合院，你可以浸沐于本心堂老中医特制的中药、花材养生浴中，除去身心疲乏，静赏山林田野绿色景观，伴虫鸣安心入眠，随鸟语晨起而行。

当然，你还可以亲身体验传统美食养之道，静听小河水车的声响和那八音坐唱的音律，会让你有种进入梦中仙境般的感觉。

走在下纳灰村的石板路上，你会发现，整个村完全坐落在山水环绕之中。尤其是散落在村中的那 6 棵古榕树，与古朴浓郁的村落以及那修建于嘉庆年间的古桥有机地形成一个整体，四周被肌理明晰、形状独特、风光随季节色彩变幻明显的田园所包围，形成了“路随水走、水随山布、山随村转”的独特格局。

在这里，你可以站在古桥上看风景，你可以在老榕树下许个愿，你可以在蓝天白云相伴下的农家小院发个呆，你可以尽情地品尝这里的布依特色饮食——八大碗、九缸钵。

如果你想赏尽万峰林的美景，你可以到将军峰广场，乘坐观光小火车经双生、鱼龙到万峰林景区西南入口耳寨，一路上你将尽情地欣赏到道路两旁五颜六色的花海，那如诗如画的景色，会给你带来一场感官上的盛宴。

当然，如果还不过瘾的话，你还可以选择乘坐“峰林号”直升机穿梭在万峰之间，体验空中俯瞰最美锥状喀斯特峰林的旅游新方式。在空中观赏万峰林，你会体验到和地面完全不同的开阔视角，那浩瀚、气派、壮观、奇特的喀斯特地貌峰林大观，在你身下犹如一条美不胜收的风彩玉带，把壮丽河山装扮得妖娆可爱。

这么美的景，不仅让来自世界 33 个国家的游客流连忘返，也让不少文者墨客久久沉醉在这峰林的怀抱之中。中国著名诗人牧之就是其中一个。他在《走近万峰林》一诗中这样写道：

云雾间，你的巍峨以一种特殊的方式，诠释着高原的历史。

徐霞客的足迹，让你的诱惑弥漫在深邃的历史长河。

蓦然回首，你如夸父的豪放，成就了许多伟人们的想象，幻化成一个个永恒的象征。

我不得不仰视着同你作神圣的交流。高原的伟岸便因你的表达变得风光醉人、变得淋漓尽致。

躺在你的胸怀，就有一种飞翔的愿望。

撩开你的面纱，我发现那盘旋的高原雄鹰和那轮挂在你头顶的太阳同我一样肃穆、庄严，凝视着变成了你的点缀。

风卷云朵，你的野性与强悍便延伸着不羁的历史，让我在高原的梦境中夜夜失眠。

走进你，心便如白云一样纯洁。

走进你，怀想祖先的脚印，无论是王者风范，还是仙姿丽态，都能与你完成一次心灵的对话，都能掂量一次次人生。

于是，生命中的舞台便可避免不应有的匆忙谢幕。

穿过你茂密的丛林，我的脚印在田垄之间扎根，耳边却传来风卷松涛，倾吐着岁月的创伤与祝愿。

茫茫岁月里，我感叹着：

谁在你高高的峰岭歌唱金秋？

谁在你拔地而起的雄姿中许着诺言？

牧之如此气势磅礴的诗句，如此给人造成悬念的诗句，不难看出，他的笔头已陶醉在如诗如画的峰林丛中难以自拔，将原本就具备世界性的喀斯特山地万峰林真正推向了世界。

万峰林是兴义的，是黔西南的，是贵州的，也是全国的，更是全世界的。

“国际山地旅游暨户外运动大会和万峰林峰会在我州持续成功举办，成果越来越多、声势越来越大、口碑越来越好、影响也越来越深远，已经成为世界认识贵州、了解黔西南的一个重要窗口，成为展示贵州山地旅游发展成就、彰显山地户外运动特有魅力、实施乡村振兴战略的高端平台。”黔西南州委常委、州委秘书长、州委宣传部部长范华如是说。

是的，无论是一届接着一届“中国美丽乡村·万峰林峰会”的举办，还是一届接着一届国际山地旅游暨户外运动大会的开幕，走的都是一条通过旅游服务业助推脱贫攻坚、乡村振兴的发展新路。

从举办“中国美丽乡村·万峰林峰会”，到打起国际山地旅游暨户外运动大会的大旗，从提出“美丽中国”到提出“天人合一”主题，体现出大会对人与自然关系的重视及思考，这既是一种哲学的思考和实践，也是对守牢发展和生态“两条底线”的生动诠释。

如今的万峰林，在北纬25度线上以其磅礴之魅、民族文化之魅和自然生态之魅，成为了国际知名、国内一流的西部会议之都，旅游度假的圣地、户外运动的乐园，世界喀斯特山地旅游的生态明珠，向世界树起了发展山地旅游的标杆。

如今的万峰林，在一次次刷新外界的认识，其发展旅游守牢生态底线、推动脱贫攻坚、促进乡村振兴，走出的“有别于东部、不同于西部其他省份”的发展新路，在向世界分享“旅游减贫”“乡村振兴”经验的同时，更向世界提供了践行“两山”理论的贵州样本。

天人合一，山水齐名。

美丽的万峰林，如奔腾的千军万马，正跨越千山万水的阻隔，大踏步向前，从万峰林走出国门，奔向世界！

# 后　记

写《金山万峰林》这个报告文学之前，即2018年10月以前，我想写的题材其实是万峰湖的清网行动。

那时候，有点心急的我，决定写万峰湖清网行动这个题材后，便充分利用每个周末休息时间，自驾爱车前往万峰湖沿岸渔民家中调研，深入沿途乡镇进行采访，倾尽全力收集涉及清网行动方方面面的素材。

通过一个多月的调研、采访和思考，一本暂定名为《决战万峰湖》的报告文学大纲终于“出炉”。正当我准备动笔开始撰写文本时，时任黔西南日报社社长戴时昌知道我写万峰湖清网行动这个题材后，及时告诉我，清网行动这个题材已经有人写了，评选相关奖项也只能选其一，劝我另写其他题材。

说实话，当时放弃万峰湖清网行动这个题材时，心里蛮舍不得的。原因在于两个“很不容易的”：一是已经采访到了贯穿整个清网行动的人物，这是很不容易的；二是对《决战万峰湖》整个报告文学撰写的思路有了深入的研究，这是很不容易的。

执着能让一个人产生无限动力。放弃《决战万峰湖》这个报告文学的题材后，心情久久不能平静的我，决定另寻报告文学题材，接着完成自己未了的心愿。

2018年12月初的一天晚上，正在酝酿报告文学题材的我，突然间想到了爱好摄影、写诗的三爷尤洪勇在一次交流过程中，向我提到了关于万峰林带来财富的故事。他说：“万峰林通过这些年的发展，变化确实挺大，值得一写。但现在没有人把它写出来，可惜了！”

是的，万峰林这些年的变化确实惊人，它的发展不仅改变了峰林脚下的村容村貌，还带动了兴义市乃至黔西南州山地旅游业的蓬勃发展。

在回顾万峰林变化、习近平总书记“两山”理论过程中，倏然间，“这才是报告文学不可多得的好题材”字样便在我心里烙上了深深的印记，坐在电脑前的我，不由自主地在文本框内开始草拟“撰写万峰林报告文学”的时间表。

2019 年 1 月 1 日以来，将业余时间“吃干榨尽”的我，正式开始进行调研、采访和收集素材，并在当月底草拟出了报告文学《金山万峰林》大纲。次月起，我便马不停蹄地开始创作。通过两个月的努力，2019 年 4 月 3 日深夜，这本报告文学《金山万峰林》终于圆满地收尾。

创作期间，我有幸得到岑大明、戴时昌等很多文学界前辈的热情鼓励和悉心指导。其中，在北京工作的杨雄，亲自花了近一个星期的时间帮助修改文稿，曾经的同事胡光耀，也在百忙之中帮助校正书稿瑕疵。特别是经济日报出版社社长韩文高，还不嫌作品浅陋，欣然拨冗作序。

同时，我还得到了兴义市万峰林街道办事处党工委书记谢文明，党工委副书记唐贤武等领导的鼎力支持和无私帮助。另外，在调研、采访过程中，万峰林街道办事处工作人员邵飞不仅提供了许多关于万峰林的资料，还积极主动地为我对接、联系调研地点和采访对象。

对文学界前辈的鼓励和万峰林街道办事处领导班子的支持帮助，在此深表谢意！

另外，对兴义市摄影家张霆提供的封面图片表示衷心的感谢！

书稿中，有不少地方参阅了一些书籍史料和引用了黔西南日报等媒体刊发的少许报道内容，因时间匆忙，难以对编著者一一道谢，在此一并表示谢意。